PriPri
プリプリ
ブックス

子どもと作る

かわいい!
行事の製作あそび

世界文化社

CONTENTS

3月

楽しむ製作

この本の使い方

1 その月ごとの「季節の行事」に合わせた製作を紹介

2 製作を生かした飾り方の工夫や壁面飾りへのアレンジが満載！

3 製作を楽しめるおおよその対象年齢がわかる

②③④⑤歳　対象年齢は目安です。子どもたちの発達や興味に合わせてお選びください。

4 飾り方のアイデアや、ポイントを紹介

5 このマークがある作品はモノクロページに型紙がついています
コピー型紙

6 作り方をイラストでわかりやすく解説！

7 「ことばかけ」の例も紹介

8 製作が広がるコラムも充実！

9 あそび方が広がるヒントつき

4・5・6月

入園や進級で新しい生活がスタートする季節です。
春らしく明るい部屋飾りになるものや、
一人ひとりがじっくり取り組める製作をご紹介します。

入園・進級

4月入園の子どもも進級児も
新しい環境に不慣れな時期。
身近な素材を使って作った製
作を壁面飾りにします。

② 歳
ちょうちょう [コピー型紙]

様々な素材に興味を持つ2歳児。
フラワーペーパーの柔らかな感触
を味わいます。丸めて袋に詰めれ
ばカラフルな羽に。

素材　フラワーペーパー・画用紙
　　　丸シール・ビニール袋

作り方
❶保育者が画用紙を丸めて胴体部分を
　作り、子どもが丸シールを貼る。
❷ちょうちょうの頭部と触角を作り、
　顔を子どもが描き入れる。
❸子どもがフラワーペーパーを丸め、
　ビニール袋に詰め、頭部とともに胴
　体に貼る。

③ 歳
チューリップ [コピー型紙]

思う存分ぐるぐる描きを楽しみます。
描いた線は霧吹きでにじませて乾かし
フラワーペーパーを詰めて立体的に。

素材　コーヒーフィルター・画用紙
　　　フラワーペーパー

作り方
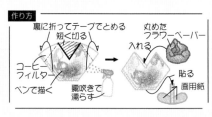

裏に折ってテープでとめる
短く切る
丸めた
フラワーペーパー
入れる
コーヒー
フィルター
ペンで描く
霧吹きで
濡らす
貼る
画用紙

4

コピー
型紙

飾り方アイデア

進級おめでとうの気持ちを込めて、製作を使って明るく晴れやかな壁面飾りに。花びらや虫などもあしらって、にぎやかに仕上げましょう。

④⑤歳
さくら

はさみがじょうずに使えるようになってきた4・5歳児。2色の絵の具で染めた障子紙を切り紙してさくらを作ります。

素材 障子紙・画用紙

作り方

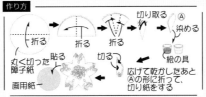

こどもの日

こいのぼりもみんなで一緒に作れば楽しさ倍増。身につけたり、あそんだりできるアイデアを取り入れて、行事を盛り上げます！

かぶと

似顔絵の
かぶとだよ！

②③④歳
紙皿のかぶと

紙皿にペンで自由に模様を描いて楽しみます。ツノの部分には似顔絵を貼って、自分だけのかぶとに。

素材　深めの紙皿・柄折り紙・トイレット
　　　ペーパー芯・ホイル折り紙・画用紙
　　　カラー工作用紙・リボン

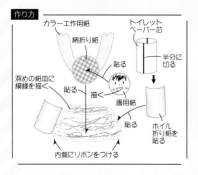

作り方

カラー工作用紙
柄折り紙
貼る
トイレット
ペーパー芯
半分に切る
描く
画用紙
深めの紙皿に模様を描く
貼る
貼る
ホイル折り紙を貼る
内側にリボンをつける

④⑤歳

黒い土台のかぶと

土台を黒い模造紙にすると、本物の武将みたい！ 立派なツノをつけたり、お花でかわいらしくアレンジしたります。

素材 模造紙・カラー工作用紙・折り紙・フラワーペーパー・不織布・ミラクルテープ・ひも 丸シール・千代紙・ミラーテープ

作り方

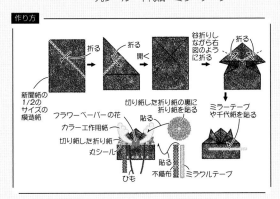

④⑤歳

新聞紙のかぶと

新聞紙で作る定番のかぶとも、いつもとは違う折り方で。折り紙や紙テープもプラスしてより華やかに！

素材 新聞紙・折り紙・紙テープ

作り方

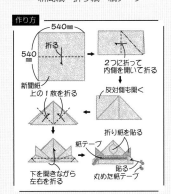

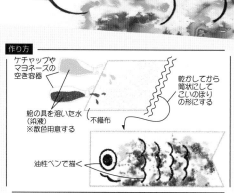

③④⑤歳
不織布の
にじみ染めこいのぼり

染め液を入れるのはケチャップなどの柔らかくて口の細い容器。子どもたちが押すと、容器からピューッと液が出て、色がにじむ様子も楽しめます。

素材 不織布・ケチャップやマヨネーズの空き容器

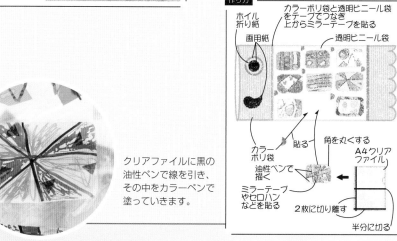

作り方
- ケチャップやマヨネーズの空き容器
- 絵の具を溶いた水（染液）※散色用意する
- 不織布
- 乾かしてから筒状にしてこいのぼりの形にする
- 油性ペンで描く

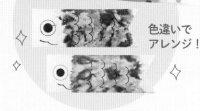

色違いでアレンジ！

③④⑤歳
ステンドグラス
こいのぼり

クリアファイルにペンで模様を描いて、ステンドグラス風のうろこに。みんなの作品をビニールの土台に貼りましょう。

素材 A4クリアファイル・透明ビニール袋・カラーポリ袋
ミラーテープ・画用紙・ホイル折り紙・セロハン

クリアファイルに黒の油性ペンで線を引き、その中をカラーペンで塗っていきます。

作り方
- ホイル折り紙
- 画用紙
- カラーポリ袋と透明ビニール袋をテープでつなぎ上からミラーテープを貼る
- 透明ビニール袋
- 貼る
- カラーポリ袋
- 油性ペンで描く
- ミラーテープやセロハンなどを貼る
- 角を丸くする
- A4クリアファイル
- 2枚に切り離す
- 半分に切る

8

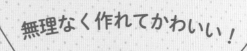
無理なく作れてかわいい！

春
こどもの日

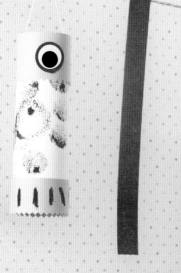

②③歳 タンポこいのぼり

画用紙にタンポして、こいのぼりの
うろこの模様に。ひもに吊るして飾
ると、ゆらゆら揺れて楽しげです。

素材 画用紙・紙テープ・麻ひも・ひも

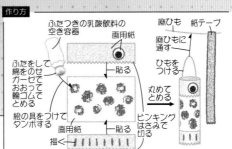
作り方

ふたつきの乳酸飲料の
空き容器
画用紙
ふたをして
綿をのせて
ガーゼで
おおって
輪ゴムで
とめる
絵の具をつけて
タンポする
画用紙
貼る
描く
貼る
麻ひも　紙テープ
麻ひもに
通す
ひもを
つける
丸めて
とめる
ピンキング
はさみで
切る

②③④歳 傘袋のスケルトン こいのぼり

傘袋に、丸めたフラワーペーパーなどを入れ
て子どもたちが作った、小さなこいのぼり。
たくさん作って模様にし、大きなこいのぼり
にします。

子どもたちの
作品はコレ！

素材 傘袋・フラワーペーパー・すずらんテープ・キラキラモール・画用紙
片段ボール・ミラーテープ・お菓子の空き箱・ビニール袋・輪ゴム

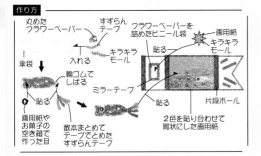
作り方

丸めた
フラワーペーパー
すずらん
テープ
フラワーペーパーを
詰めたビニール袋
入れる
画用紙
キラキラ
モール
キラキラ
モール
傘袋
輪ゴムで
しばる
貼る
ミラーテープ
貼る
貼る
片段ボール
画用紙や
お菓子の
空き箱で
作った目
数本まとめて
テープでとめた
すずらんテープ
2色を貼り合わせて
筒状にした画用紙

ひとりで作る こいのぼり

②③歳
封筒のりんりん こいのぼり

指スタンプを楽しんで作る封筒のこいのぼり。振ると、リンリンと音がします。中に入れたフラワーペーパーと鈴で、ふんわりとした感触と音も楽しみます。

素材　封筒・フラワーペーパー・柄折り紙・画用紙・マスキングテープ・鈴

③④⑤歳
キラキラうろこの 紙皿こいのぼり

紙皿の立体こいのぼりは、ホイル折り紙を折って好きな形に切ってうろこにします。パンチで抜いてもOKです。

素材　紙皿・折り紙・ホイル折り紙

②歳
丸シールの こいのぼりバッグ

丸シールのうろこがキュートなこいのぼりは、リボンをつけてバッグに。お散歩に出かけたくなりますね。

素材　画用紙・丸シール・レース・リボン

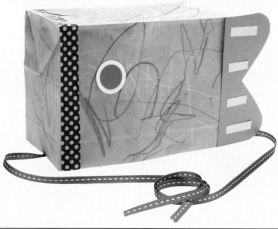

②歳
ぐるぐる描き こいのぼり帽子

紙袋にぐるぐると模様を描いたら、形を生かして帽子形のこいのぼりに。頭にのせてリボンを結べば、こいのぼりに変身。

素材　紙袋・画用紙・リボン　マスキングテープ

作り方

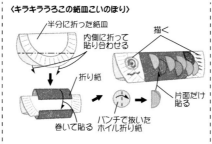

〈封筒のりんりんこいのぼり〉

詰める　指スタンプした封筒
丸めたフラワーペーパー　鈴
画用紙
貼る
封をしてマスキングテープを貼る　柄折り紙　貼る

〈キラキラうろこの紙皿こいのぼり〉

半分に折った紙皿
内側に折って貼り合わせる　描く
折り紙
巻いて貼る　パンチで抜いたホイル折り紙　片面だけ貼る

〈丸シールのこいのぼりバッグ〉

画用紙　折る
のりしろ
切り取る
切り取る　リボンを内側に貼る
丸シール　画用紙　レース　描く

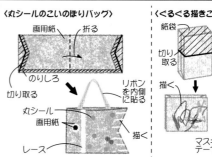

〈ぐるぐる描きこいのぼり帽子〉

紙袋　内側に折り込む
切り取る
描く　画用紙
マスキングテープ　内側に貼る　貼る　リボン

② ③ ④ 歳
うずまきしっぽの
ペットボトルこいのぼり

うずまき状に切ったしっぽが風に乗り、軽やかに動きます。フラワーペーパーをくしゃくしゃに丸めて、カラフルに。持ち手が丈夫なので持って走ってあそべます。

素材　ペットボトル・フラワーペーパー・画用紙・丸シール・工作用紙

くるくるのしっぽが
おもしろい！

④ ⑤ 歳
パンチいっぱい
こいのぼり

細長く切った画用紙に、園児がクラフトパンチで穴を開けます。好きなところで切り、いろいろな形のうろこにして貼りましょう。

素材　画用紙・丸シール

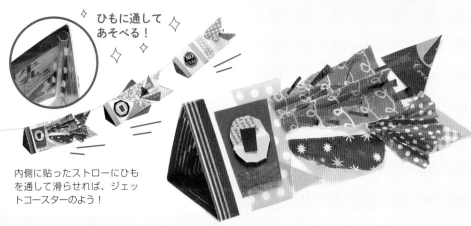

ひもに通して
あそべる！

内側に貼ったストローにひもを通して滑らせれば、ジェットコースターのよう！

③ ④ ⑤ 歳
牛乳パックの
ジェットコースター
こいのぼり

切り開いた牛乳パックを中表に三角柱に折りたたんで。子どもが柄折り紙や包装紙などを切り貼りして模様をつけます。

素材　牛乳パック・ストロー・柄折り紙・包装紙・お菓子の空き箱・マスキングテープ

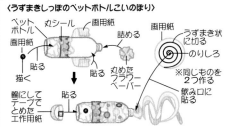

〈うずまきしっぽのペットボトルこいのぼり〉

ペットボトル
丸シール
画用紙
画用紙
詰める
貼る
貼る
描く
うずまき状に切る
のりしろ
丸めたフラワーペーパー
※同じものを2つ作る
飲み口に貼る
輪にしてテープでとめた工作用紙
貼る

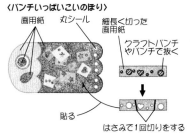

〈パンチいっぱいこいのぼり〉

画用紙
丸シール
細長く切った画用紙
クラフトパンチやパンチで抜く
貼る
はさみで1回切りをする

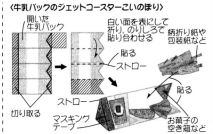

〈牛乳パックのジェットコースターこいのぼり〉

開いた牛乳パック
白い面を表にして折り、のりしろで貼り合わせる
柄折り紙や包装紙など
貼る
ストロー
切り取る
ストロー
マスキングテープ
貼る
お菓子の空き箱など

作り方

母の日

日ごろの感謝の気持ちを込めて、ありがとうの想いをプレゼントしましょう。カーネーションが印象的な作品ばかりです。

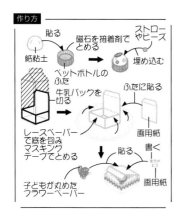

②③歳
ジュエリーマグネット

ペットボトルのふたに紙粘土を丸めて詰め、ストローやビーズでデコレーション。お便りを留めるのに便利なマグネットです。フラワーペーパーを丸めたお花もプラス。

素材　牛乳パック・フラワーペーパー・ビーズ・ストロー・ペットボトルのふた・レースペーパー・マスキングテープ・磁石・紙粘土・画用紙

子どもの自画像は、お花を持っているように描くのがポイント！

④⑤歳
お母さんありがとうカード

柄折り紙を貼ったり、似顔絵を描いたりと楽しく作れるカード。花束を開くとお母さんが登場します。

素材　画用紙・柄折り紙・マスキングテープ・レースペーパー・リボン

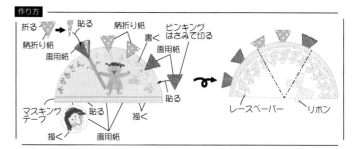

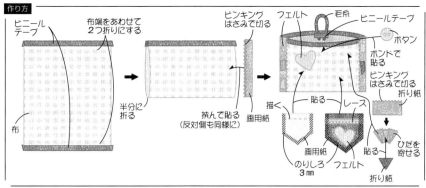

作り方

ビニールテープ / 布端をあわせて2つ折りにする / ピンキングはさみで切る / フェルト / 毛糸 / ビニールテープ / ボタン / ボンドで貼る / ピンキングはさみで切る / 折り紙 / 半分に折る / 挟んで貼る（反対側も同様に）/ 画用紙 / 描く / レース / 貼る / 布 / のりしろ3mm / フェルト / 画用紙 / 貼る / ひだを寄せる / 折り紙

④ ⑤ 歳
カラフル バッグインバッグ

子どもがフェルトやレースをかわいくあしらって、カラフルなバッグインバッグを。携帯などを入れるのにちょうど良いサイズです。

素材　布・画用紙・ビニールテープ・折り紙・ボタン・毛糸・フェルト・レース

④ ⑤ 歳
カーネーションの メッセージ壁掛け

折り紙で素敵なカーネーションを作ります。花の開き方を変えたり、大きさの違う折り紙を組み合わせたりして花束に。

素材　折り紙・片段ボール・フラワーペーパー・リボン・モール・画用紙

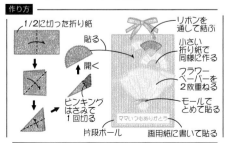

作り方

1/2に切った折り紙 / 貼る / 開く / ピンキングはさみで1回切る / リボンを通して結ぶ / 小さい折り紙で同様に作る / フラワーペーパーを2枚重ねる / モールでとめて貼る / 片段ボール / 画用紙に書いて貼る / ママいつもありがとう

13

父の日

お父さんの似顔絵が印象的なアイテムや、アイデアたっぷりの目を引く作品です。お父さんをイメージしながら取り組みましょう。

②③④⑤歳

お父さんありがとうカード `コピー型紙`

似顔絵やメッセージカードを割りピンでまとめ、広げると四つ葉のクローバーに。年齢によってはんこを押すなど、できることを楽しんで。

素材　画用紙・柄折り紙・消しゴムはんこ・割りピン

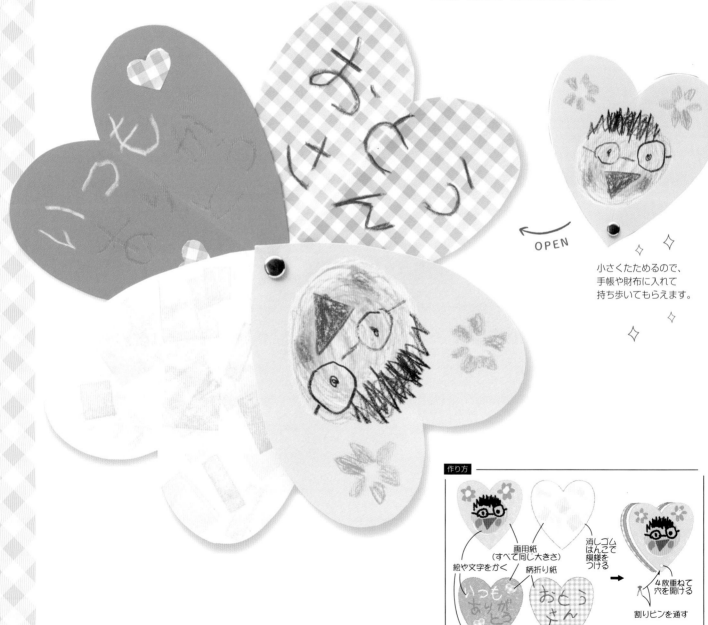

OPEN

小さくたためるので、手帳や財布に入れて持ち歩いてもらえます。

作り方

画用紙（すべて同じ大きさ）
絵や文字をかく
柄折り紙
消しゴムはんこで模様をつける
→
4枚重ねて穴を開ける
割りピンを通す

歳

ネクタイモチーフの ペン立て

コピー型紙

大きなネクタイがアクセントの、似顔絵つきペン立て。ネクタイにはホイル折り紙を切って貼ります。

素材　牛乳パック・画用紙・ホイル折り紙

作り方

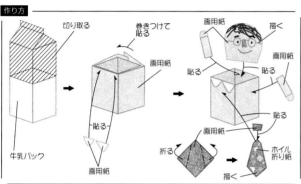

(4)(5)歳

似顔絵かけ軸

トイレットペーパー芯の軸を絵の上下に配置して、かけ軸風に。お父さんの好きなものを絵に描き、台紙に貼りましょう。

素材　トイレットペーパー芯・画用紙・柄折り紙・リボン

作り方

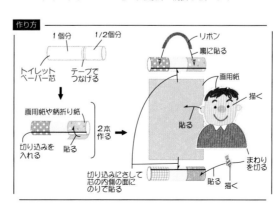

7・8月

夏は、夏祭り、たなばたなど
子どもたちが楽しめる行事がいっぱい！
水に触れ合ってあそべる、
この季節ならではの製作もご紹介します。

夏祭り

夏祭りに映えるカラフルなおみこし
や竿燈（かんとう）は、子どもたちの作品を飾り
つけて作ります。「みんなで作った
ね」と達成感が味わえます。

子どもの製作

お花は、4回折って
花びら形に切ります。

子どもの製作

自画像を貼ったはっ
ぴは、えりと模様も
自由に描きます。

②③④⑤歳
たる風花みこし

コピー型紙

大きなたるに、子どもが作ったお花を挿
して、インパクト抜群！ たるは段ボー
ル製で、土台に固定されているので、軽
くて担ぎやすいです。

素材 板段ボール・片段ボール・エアパッ
キン・すずらんテープ・不織布・画
用紙・折り紙・モール・ミラーテー
プ・ひも・フラワーペーパー・キラ
キラモール・角材・輪ゴム・カラー
ワイヤー

みんなで海の生き物の絵を描いて貼ります。クレヨンの色数を絞るとおしゃれに見えます。

海のプリンセス おみこし

コピー 型紙

ゆらゆら揺れる海をイメージしたすずらんテープがとても印象的。子どもたちが描いた海の生き物を貼ってにぎやかに。

素材 ポリ袋・ペットボトル・牛乳パック・角材 緩衝材・鈴・すずらんテープ・キラキラテープ・画用紙・フラワーペーパー・薄葉紙

夏

夏祭り

ここが ✧ ポイント ✧

おみこしの土台の上に円を作るようにペットボトルを配置します。

牛乳パックを敷き詰めておみこしの一番下の土台を作ります。

ところどころに鈴をつければ、涼しげな音色を奏でます。

④ ⑤歳

手作りちょうちんの ミニ竿燈

段ボールの竿に、子どもたちが作った小さなちょうちんが揺れる、軽いミニ竿燈。歩くたびに揺れるちょうちんが華やかです。

素材 段ボール・紙テープ・ひも・クレープ紙・モール・ミラーテープ・紙コップ画用紙・ホログラム折り紙

子どもの製作

ちょうちんは紙コップの形を生かして。画用紙の帯を貼って丸く仕上げました。

17

縁日・夕涼み会

作ってもあそんでも楽しいおもちゃ
や、屋台のおやつなど、夏祭りの雰
囲気を味わえる製作アイデアです。

④ ⑤ 歳
牛乳パックランタン

キャンドル型のLEDライトの光が、にじみ
絵をぼんやりと優しく照らします。薄暗い
中での夕涼み会や盆踊りにぴったり。

素材　牛乳パック・障子紙・マスキングテープ
　　　モール・LEDライト・アルミカップ

＼ LEDで光ります！／

アルミカップを入れてから
LEDライトを入れると、動き
が固定され、光も反射して、
よりきれいに見えます。

作り方

牛乳パック
切り取る　　水性のペンで描く　　2本合わせて　　LEDライト
障子紙　　　　　　　　　　　　　ねじったモール
同様に4枚　　水を含ませた　　穴を　　入れる→
作って貼る　　筆でにじませる　開ける
4面とも　　　　のりしろ　　　　通して　　アルミカップ
切り取る　　　　　　　　　　　ねじって　マスキング
1cm残す　　　　　　　　　　　とめる　　テープを貼る

輪ゴムを
つなげるのは、
コツをつかめば
すぐにできるように
なります！

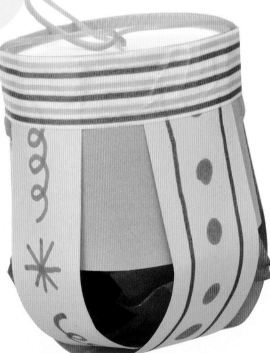

⑤ 歳
紙コップヨーヨー

シャカシャカする音も楽しいヨーヨーです。中
に入れた丸めた折り紙はヨーヨーの水がわり。
ゴムが伸び縮みして、手にフィットします。

素材　紙コップ・輪ゴム・折り紙・画用紙・マスキングテープ

作り方

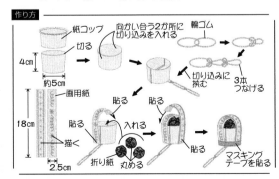

紙コップ
切る　　　　向かい合う2か所に　輪ゴム
4cm　　　　切り込みを入れる
約5cm　　　　　　　　　　切り込みに　3本
　　　　　　　　　　　　挟む　　　つなげる
画用紙　　　貼る　　貼る
18cm　　　貼る　入れる
描く　　　　　　貼る　　マスキング
2.5cm　　折り紙　丸める　　　テープを貼る

18

③ ④ ⑤歳
びゅんびゅんごま

丸や四角に切った段ボールがびゅんびゅんごまに変身！ みんなで回して、模様が変化する様子を見てみましょう。

素材　段ボール・丸シール・たこ糸

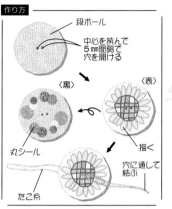

作り方

- 段ボール
- 中心を挟んで5mm間隔で穴を開ける
- 〈裏〉
- 〈表〉
- 丸シール
- 描く
- たこ糸
- 穴に通して結ぶ

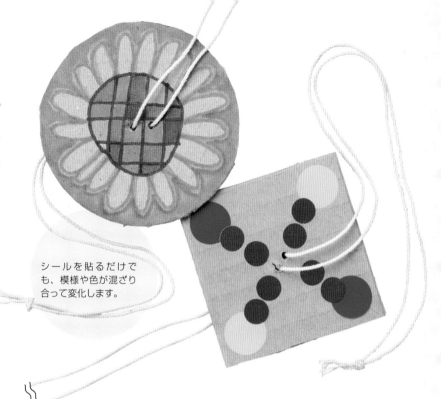

シールを貼るだけでも、模様や色が混ざり合って変化します。

②歳
リバーシブル
でんでんだいこ
【コピー型紙】

でんでんだいこを回すたびに、表情がくるくる変わってワクワク度がアップ。紙皿2枚分たっぷりお絵かきやシール貼りができます。

素材　紙皿・画用紙・丸シール・綿ロープ
　　　ウッドビーズ・ストロー

いろいろな表情にすると楽しい！

作り方

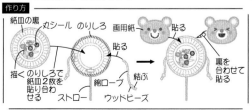

- 紙皿の裏
- 丸シール
- のりしろ
- 画用紙
- 貼る
- 貼る
- 描く
- 描く・のりしろで紙皿2枚を貼り合わせる
- ストロー
- 綿ロープ
- 結ぶ
- ウッドビーズ
- 裏を合わせて貼る

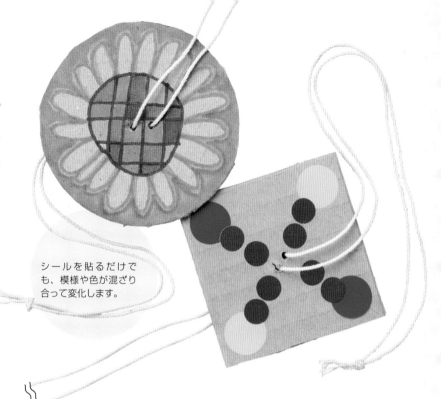

閉じると扇子のような形が、広げると丸いうちわに大変身！

OPEN

④ ⑤歳
じゃばらうちわ

持ち手をくるりとさせて開閉できる、形がおもしろいうちわ。1から自分で作れるので、できあがりの満足感があります。

素材　画用紙・スチレンボード・段ボール
　　　ビニールテープ・割りばし・輪ゴム

作り方

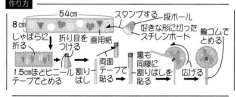

- 54cm
- 8cm
- スタンプする
- 段ボール
- 好きな形に切ったスチレンボード
- じゃばらに折る
- 折り目をつける
- 画用紙
- 両面テープで貼る
- 裏も同様に割りばしを貼る
- 広げる
- 輪ゴムでとめる
- 1.5cmほどビニールテープでとめる
- 割りばし

19

風が通る場所に飾ると、カラカラとなる音を楽しんだり、短冊が揺れて涼しさを感じられたりすることでしょう。

ブロックから絵の具がはみ出しても大丈夫。

好きな色を1色だけ使ってもオシャレです。

パンチで型を抜くときは、両手でしっかり力を入れて。

④⑤歳 マスキングテープの染め分けうちわ

絵の具を濃いめに溶いて塗ると、色がはっきり出ます。乾いてからテープをはがすと、白い線が現われ、素敵な模様に。

素材 うちわ・マスキングテープ

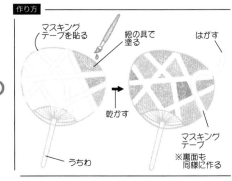

作り方

マスキングテープを貼る 絵の具で塗る はがす

乾かす

うちわ マスキングテープ

※裏面も同様に作る

③④歳 透明カップの涼やか風鈴

カップに描いた模様が透ける、爽やかな風鈴です。パンチを使っての型抜きは、子どもたちが好きな活動ですね。

素材 プラスチックカップ・画用紙・洗濯ばさみ・毛糸・マスキングテープ

作り方

油性ペンで描く 穴を開ける 毛糸

マスキングテープを貼りストッパーにする

結ぶ

プラスチックカップ

洗濯ばさみ 挟む

画用紙

パンチやクラフトパンチで抜く

③④歳 変身おめん [コピー型紙]

紙皿の土台に、好きなパーツを組み合わせて作ります。画用紙以外にも、シールやリボンなどを用意してアレンジを。

素材 紙皿・画用紙・凡天 工作用紙・輪ゴム

おばけ しろくま

作り方

※指定外すべて画用紙　パーツは各自、自由に貼る

〈ペンギン〉 〈しろくま〉 〈おばけ〉

半分に切った紙皿 裏に貼る 描く 工作用紙 輪ゴム

貼る

描く 凡天 描く ホチキスでとめる 貼る

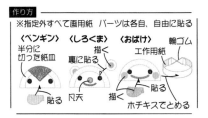

いろいろなパーツを準備

③④⑤歳

コロコロ仕上げの
チョコバナナ

たっぷりのチョコレートの中で、バナナをコロコロ転がして作るチョコバナナです。折り紙のカラーチョコレートを振りかけて。

素材 エアパッキン・模造紙・ストロー・画用紙・牛乳パック・折り紙・丸シール・粘土

チョコレートに見たてた絵の具は、バットにたっぷり入れて塗りやすく。

作り方

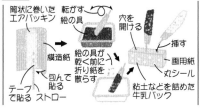

筒状に巻いたエアパッキン
転がす絵の具
穴を開ける
挿す
画用紙
丸シール
粘土などを詰めた牛乳パック
模造紙
絵の具が乾く前に折り紙を散らす
包んで貼る
テープで貼る ストロー

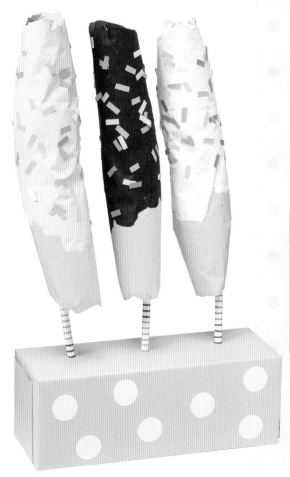

②③歳 障子紙かき氷

カラフルなシロップを好きなだけかけられて大満足！ ボトルに入れた絵の具で雰囲気たっぷりに仕上がります。

素材 障子紙・スチロール容器・木製スプーン

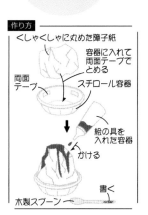

色がじわっとにじんで、広がる様子を楽しみます。

作り方

くしゃくしゃに丸めた障子紙
容器に入れて両面テープでとめる
両面テープ
スチロール容器
絵の具を入れた容器
かける
書く
木製スプーン

21

たなばた

織り姫と彦星、色とりどりの短冊や伝承飾りなど、ワクワクしながら準備を楽しみましょう。みんなの願いごとも叶うといいですね！

織り姫と彦星

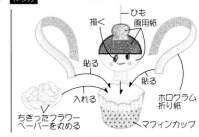

② 歳 [コピー型紙]
フラワーペーパー詰めの織り姫・彦星

ちぎったフラワーペーパーをマフィンカップに詰めます。かわいい柄のマフィンカップを選びましょう。

素材　マフィンカップ・フラワーペーパー・画用紙・ホログラム折り紙・ひも

作り方

⑤ 歳
笹舟にのった織り姫・彦星 [コピー型紙]

細長い画用紙を組んで作る笹の葉が特徴的。立体的な造形に興味が出る年長児にぴったりです。

素材　画用紙・ひも

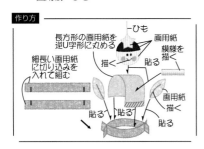

作り方

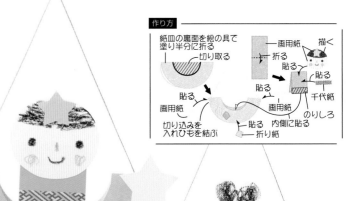

作り方

③ ④ 歳 [コピー型紙] 紙皿の織り姫・彦星

笹舟みたいな紙皿の形状がかわいい。紙皿部分は四角く切った折り紙で自由に飾りつけて。

素材　画用紙・紙皿・千代紙・折り紙・ひも

③④歳

紙筒&モールの 織り姫・彦星 [コピー型紙]

紙筒にキラキラしたモールを通して土台に。まるでブランコに乗っているみたいな織り姫・彦星です。

素材　画用紙・モール・千代紙・ひも・オーガンジーリボン・キラキラテープ

作り方

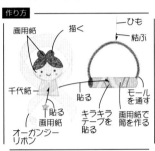

- 画用紙
- 描く
- ひも
- 結ぶ
- 千代紙
- 貼る
- 貼る
- モールを通す
- 貼る 画用紙
- オーガンジーリボン
- キラキラテープを貼る
- 画用紙で筒を作る

②歳

シール貼り& 折り紙ちぎりの 織り姫・彦星 [コピー型紙]

星の部分には丸シール、尾の部分にはちぎった折り紙を貼って、カラフルな流れ星にします。

素材　画用紙・丸シール・折り紙・千代紙 グリッターペーパー・ひも

作り方

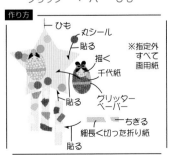

- ひも
- 丸シール
- 貼る
- 描く
- 千代紙
- 貼る
- グリッターペーパー
- ちぎる
- 細長く切った折り紙
- 貼る
- ※指定外すべて画用紙

④⑤歳

コーヒーフィルター 染めの 織り姫・彦星 [コピー型紙]

水で濡らしたコーヒーフィルターに絵の具をつけて、にじみ染めを楽しみます。ホログラムのキラキラがアクセント。

素材　コーヒーフィルター・折り紙・画用紙 ホログラム折り紙・ひも

作り方

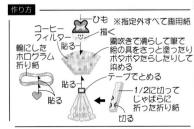

- コーヒーフィルター
- ひも
- 描く
- 貼る
- 輪にしたホログラム折り紙
- 貼る
- ※指定外すべて画用紙
- 霧吹きで濡らして筆で絵の具をさっと塗ったりポタポタたらしたりして染める
- テープでとめる
- 1/2に切ってじゃばらに折った折り紙
- 切る

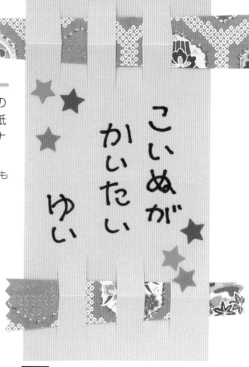

③④歳
千代紙通し短冊

切り込みの間から千代紙をのぞかせます。画用紙と千代紙の色の組み合わせでオリジナリティーを出して。

素材 画用紙・千代紙・シール・ひも

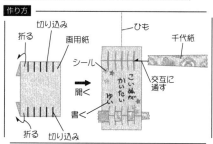

作り方

折る 切り込み 画用紙 ひも 千代紙
シール
交互に通す
開く
書く
折る 切り込み

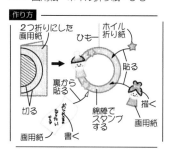

④⑤歳
ホイル折り紙の天の川短冊 [コピー型紙]

天の川の左右で織り姫・彦星が出会う短冊です。ホイル折り紙と綿棒スタンプでかわいく飾りつけて。

素材 画用紙・ホイル折り紙・ひも

作り方

2つ折りにした画用紙 ホイル折り紙 ひも
貼る
裏から貼る
描く
切る 画用紙
画用紙 綿棒でスタンプする 書く

③④⑤歳
1回切り&染めの流れ星短冊 [コピー型紙]

コーヒーフィルターを染めてカラフルなお星さまに。1回切りしたホイル折り紙がキラキラ輝きます。

素材 コーヒーフィルター・画用紙・ホイル折り紙・キラキラ折り紙・ひも

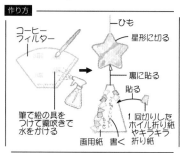

作り方

コーヒーフィルター ひも
星形に切る
裏に貼る
貼る
筆で絵の具をつけて霧吹きで水をかける
画用紙 書く 1回切りしたホイル折り紙やキラキラ折り紙

④⑤歳
まるまるぼんぼり短冊

丸い短冊に絵の具を指塗りし、星をペタペタ。丸いぼんぼりが和の雰囲気いっぱい！

素材 画用紙・折り紙・ひも

作り方

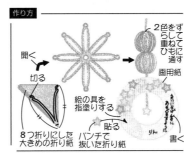

開く
切る
絵の具を指塗りする
8つ折りにした大きめの折り紙

2色をずらして重ねてひもに通す
画用紙
貼る
パンチで抜いた折り紙
書く
りん

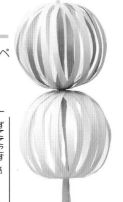

まいにちげんきにあそべますように
りん

②③歳
デカルコマニー短冊　[コピー型紙]

画用紙の間に絵の具を挟んで偶然できる模様を楽しみます。絵の具の色や置き方を工夫しましょう。

素材 画用紙・千代紙・ひも

作り方

うみに いきたい しょう

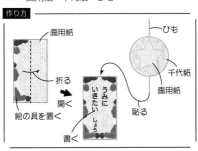

画用紙
折る
開く
絵の具を置く
書く
ひも
千代紙
画用紙
貼る
うみに いきたい しょう

本物の笹がなくても！

壁に飾る笹　[コピー型紙]

素材 折り紙・柄折り紙・キラキラ折り紙

作り方

4つ折りにした折り紙
切る
12枚分太さを変えて必要分作る
3つ折りする
壁に貼る
先に向かって細くなるように切った折り紙を貼る
キラキラ折り紙
半分に折って折り目をつけた柄折り紙

[飾り方アイデア]

切り紙の笹なら、飾る場所の広さに合わせて好きなように飾れます。笹の葉は柄折り紙を使うとおしゃれ。

② 歳
手形の星&
お魚つなぎ　コピー型紙

お星さまの画用紙に手形をポン！
お魚と交互にリボンに貼ってつな
ぎ飾りに。

素材　画用紙・リボン・マスキングテープ

作り方

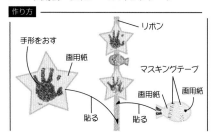

③④ 歳
ハートの
つなぎ飾り

顔を描くことで子どもの個性が光る！
ハートの曲線を切るのが難しければ、
保育者が切っておきます。

素材　折り紙・柄折り紙・ミラーテープ・ひも

作り方

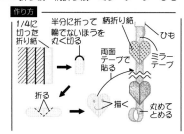

⑤ 歳
丸とリボンの
つなぎ飾り

長さの違う折り紙を数色貼り合
わせて、丸くカット。中心の丸
にリボンを通して作ります。

素材　折り紙・リボン

作り方

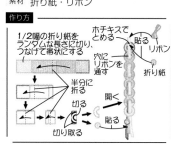

ひしがたつなぎ

昔は、この飾りを布で作っていたと言われているの。着物の模様みたいに見えない？ 素敵な模様ができるように、たくさんつなげましょうね。

たなばたの伝承飾り

たなばた飾りの由来や願いを、子どもたちと話しながら作ってみましょう。

ちょうちん

織り姫（織女星）と彦星（牽牛星）が会える暗いたなばたの夜もおたがいの顔がよく見えるように、ちょうちんの明かりで照らしたのね。

貝

貝も魚と同じように昔から大切な食べ物のひとつだったのよ。たくさんの貝がとれるようにと願いながら作ってみましょう。

吹き流し

機織りで使う色とりどりの糸が風になびくような飾りです。織り姫のように素敵な布を織れますようにという願いが込められているのよ。

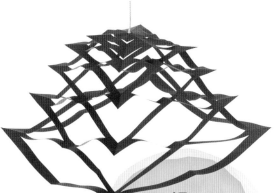

網

豊漁と言って魚がたくさんとれますようにという願いを込めて作る飾りよ。魚を捕る網なので、切れないようにそっと広げましょう。

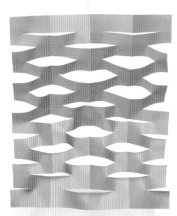

縫いかざり

昔の人は、糸や布を使って裁縫をして、自分たちの着る物などを作っていたの。裁縫がじょうずになりますようにという願いを込めますよ。

※由来には諸説あります。このページの作品の作り方はP.88に掲載しています。

④⑤歳 **牛乳パックの
動物水車**

水の力で回る水車は、発見を楽しむ4・5歳児に
ぴったり。あらかじめ保育者がパーツを用意し、
組み立てと顔を描く部分を子どもが製作します。

素材 牛乳パック・ストロー・クリアファイル・ビニールテープ

くるくる

じょうろや水でっぽうで水をかけてあそぼう！

羽根がくるくる回っておもしろい！

作り方

切り取る — 牛乳パック
Ⓐ — 水車
切る
Ⓑ — 顔
Ⓒ — 体

ストロー
Ⓐ — 中心に通す → ホチキスでとめる
穴を開ける
Ⓑ — 裏返す 山折り
切り取る 描く 穴に差し込みビニールテープを巻く
谷折り 貼る クリアファイル
切り取った部分
Ⓒ → ホチキスでとめる
切り取る

あそび方

水車を回そう！

じょうろや空きペットボトルなどに水を入れ、水
車の羽根の部分に当たるように水をかけます。水
車が回りながら水が出る様子を楽しみましょう。
「水車を早く回すにはどうしたらいいかな？」
「反対回りにするには」などの声かけを。

調味料の空き容器

模様を油性ペンで描く

②③④⑤歳

水でっぽう

調味料などを入れる容器に、油性ペンで自分だけの模様を描きます。それを持ってお外へGO！

素材　調味料の空き容器

この水でっぽうを使って、たくさんあそぼう

カラー布ガムテープを貼る

牛乳パック

ビニールテープ

切り取る

こんぼう
梱包用ひも

ミラーテープ

ビニールテープ

腰の部分に梱包用ひもを巻くと、おすもうさんの雰囲気が出ます！

あそび方

おばけ風船をやっつけろ！

保育者が、風船に手や顔を自由に描いてふくらませ、すずらんテープをつけたおばけ風船を用意します。上部にこよりにしたトイレットペーパーを貼りつけ、ロープなどに吊るし、水でっぽうの的として、こよりに向けて水をかけてあそびます。

④⑤歳

牛乳パックのおすもうさん

牛乳パックにカラー布ガムテープやビニールテープなどで顔を作ります。保育者が口の部分を四角く切り抜きます。

素材　牛乳パック・カラー布ガムテープ・ビニールテープ・ミラーテープ・梱包用ひも

ぼくのおすもうさんは横綱だぞ！

ねらって水をかけてみよう！

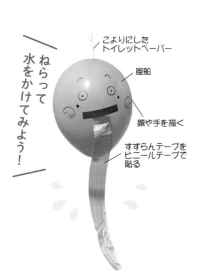

こよりにしたトイレットペーパー

風船

顔や手を描く

すずらんテープをビニールテープで貼る

あそび方

おすもうさんがのこったのこった！

水でっぽうを使って、牛乳パックのおすもうさんを倒せるかな？口の中から水を入れて置き、水でっぽうの的にします。2つを向かい合わせ、双方から発射！　どちらが先に倒せるかを楽しんだり、2人で協力して倒したりしましょう。牛乳パックの水の量を増やすと、倒す難易度が上がります！

ひんやりムニュムニュ！

ビニール袋の
色水くらげ

「これとこれを混ぜるとどんな色になるのかな？」と色水あそびをじゅうぶん楽しんだら、ビニール袋に入れてくらげに。

素材　ビニール袋・画用紙・セロハン・すずらんテープ・輪ゴム・リボン

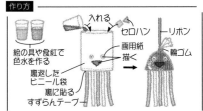

作り方

絵の具や食紅で
色水を作る

入れる

セロハン　リボン

画用紙
描く

裏返した
ビニール袋
裏に貼る
すずらんテープ

輪ゴム

あそび方

何色か色水を用意します。子どもが空きペットボトルに好きな色を混ぜ合わせて色水を作り、ビニール袋に入れて、くらげを作ります。絵の具のほかに食紅で作った色水を用意すると、より透明感が楽しめます。

③④⑤歳

吹き口

モールをくるりと丸めて、シャボン玉の吹き口を作ります。絵の具を溶いたシャボン液を吹いて、色のつく様子を楽しみます。

素材　モール

あそび方

シャボン玉アーティスト

大きな模造紙を壁などに貼ります。絵の具で色をつけたシャボン液を、模造紙に向かってふーっと吹きかけます。泡がはじけたり、流れ落ちたりすることで、きれいな模様ができあがり！

えいっ！

✧ アレンジ ✧
こまの羽根部分を角度
をつけて折ると、息を
吹きかけるだけでくる
くると回ります。

③④⑤歳 **シュシュッと水こま**

紙コップを子どもがはさみで切って
開き、絵を描きます。水に浮かべ
て、手で回してあそびます。

素材 紙コップ

じゃーっ！

②歳
シャワーちゃん

ペットボトルの底に保育者が小さ
な穴をいくつか開け、子どもはビ
ニールテープで飾りつけ。水を入
れてシャワーあそびに。

素材 ペットボトル・ビニールテープ

あそび方

水の入ったたらいの中にシャワー
ちゃんをぶくぶく沈め、持ちあげ
て。じゃーっと水が落ちてくる様子
を繰り返し楽しみましょう。

9・10・11月

色鮮やかな食べ物や自然をたっぷり楽しめる秋。
作るのも飾るのも楽しい作品をご紹介します。
みのりの秋のカラフルな製作を楽しみましょう。

収穫祭

子どもたちの大好きな、秋の野菜や
果物を作ります。色や形などのさま
ざまな発見をするとともに、自然の
みのりに感謝できるとよいですね。

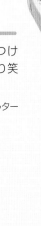

たくさん作ってね！

②③歳
コーヒー
フィルターの
きのこ

タンポで笠の部分に模様をつけ
た、カラフルきのこ。にっこり笑
顔も忘れず描きましょう。

素材 カラー紙コップ・コーヒーフィルター

作り方

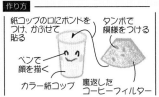

紙コップの口にボンドを
つけ、かぶせて
貼る

タンポで
模様をつける

ペンで
顔を描く

カラー紙コップ

裏返した
コーヒーフィルター

③④⑤歳
折り紙
輪っかのぶどう

折り紙を輪にしたぶどうの実が目
を引きます。輪を貼る場所を考え
るのも楽しいですね。

素材 紙コップ・折り紙・画用紙

作り方

貼る

画用紙

輪にした
折り紙

絵の具で
色を塗った
紙コップ

紫や緑、ピンクなど
いろんな色の折り紙
を用意しましょう。

④⑤歳
染め紙の柿

丸めた新聞紙に、黄色や
オレンジ色に染めた紙を
ペタペタ貼って。

素材 障子紙・新聞紙・折り紙

作り方

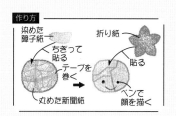

染めた
障子紙
ちぎって
貼る
テープを
巻く
丸めた新聞紙
折り紙
貼る
ペンで
顔を描く

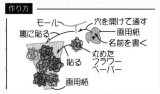
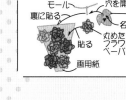

②③歳
フラワーペーパーの
ぶどう

くしゃくしゃに丸めた紫やピンクの
フラワーペーパーをぶどうの実に見
たてて、ぎっしりと貼ります。

素材 画用紙・フラワーペーパー・モール

作り方

モール
裏に貼る
穴を開けて通す
画用紙
名前を書く
丸めた
フラワー
ペーパー
貼る
画用紙

おいしそうだね！

秋の果物や
野菜は
何があるかな？

いっぱい
とれたね！

③④⑤歳
封筒の
さつまいも

封筒の中にフラワーペーパー
を詰めて、でこぼこした立体
さつまいもにします。紫や茶
色など色も数種類用意します。

素材 フラワーペーパー・封筒

作り方

裏 折り目を
つける 表
封筒
丸めた
フラワー
ペーパー
詰める

表
絵の具で色を塗り
乾いたらクレヨンで
顔を描く
裏
折り線で折って
テープでとめる

自然あそび

季節を感じ取れる素材に触れることで、自然の変化に気づきます。イメージをふくらませて作ってみましょう。

作り方

❶ まつぼっくりに毛糸を巻きつける。画用紙に顔を描き、切り取って貼る。

❷ 3本の紙ストローを交差させる。中央から毛糸を巻きつけて、六角形に形を整える。

❸ 最初のストローに毛糸をぐるりと1回巻きつけ、次のストローにまた1回巻きつけて、を繰り返す。グラデーションのある毛糸を使うときれい。

❹ ❶と❸に毛糸をつけ枝に結びつける。

④⑤歳
みのむしモビール

まつぼっくりの形を生かしたみのむしと、紙ストローに毛糸を巻いた飾りを枝に吊るします。

素材 まつぼっくり・毛糸・画用紙
　　 紙ストロー・枝

飾り方アイデア

リースやモビールを、画用紙の葉と一緒に飾って壁面に。片段ボールの帽子をかぶったどんぐりぼうやが、かわいらしさを添えます。

③④⑤歳
落ち葉のリース

落ち葉の上に紙をのせて、色鉛筆で模様を写します。いろんな形の落ち葉を集めてみましょう。

素材 落ち葉・封筒・毛糸・リボン
　　 ひも・凡天・薄い紙

作り方

❶ 封筒をつなぎ合わせてねじり、輪にして毛糸やリボン、ひもを巻きつける。

❷ 落ち葉の上に薄い紙をのせて色鉛筆でこすり、模様を写す。

❸ 切り取って❶に貼り、凡天を飾りつける。

③④歳

葉っぱの
スタンプのくり

形のおもしろさを感じる葉っぱのスタンプ。台紙に折り紙のくりを貼ったら、周囲にいがを表現した切り込みを入れます。

素材　落ち葉・折り紙

作り方
1. 台紙に落ち葉でスタンプをし、折り紙で折ったくり（P.89参照）を貼る。
2. 顔を描き、台紙のまわりに切り込みを入れる。

②③歳

どんぐりりす

コピー
型紙

お散歩で見つけたどんぐりなどの木の実を、丸めたフラワーペーパーと一緒にペットボトルに入れましょう。

素材　どんぐりなどの木の実・フラワーペーパー
　　　小さめのペットボトル・画用紙

作り方
1. 小さめのペットボトルに、画用紙で作ったりすの顔やしっぽなどを貼る。
2. ペットボトルにフラワーペーパーを丸めて入れ、どんぐりなどの木の実を入れる。

指でつまんで、
ポトンと落とす感覚が
楽しい！

まつぼっくりは、モールで枝にくくりつけます。

結んで巻いて枝飾り

枝にフェルトや毛糸を巻いたり結んだりして、素敵な飾りに。どんぐりはフェルトに貼るとしっかりとまります。

素材　枝・まつぼっくり・どんぐり・フェルト・毛糸・モール・ひも

作り方

枝　接着剤をつけて巻く　帯状に切ったフェルト

↓

どんぐり　接着剤でフェルトに貼る　まつぼっくり
モールで木の枝にくくりつける　モール巻きつける

毛糸やひもを結ぶ

ひも

ボタンなどを貼ると難易度アップ！

どんぐりコロコロゲーム

枝を貼って、どんぐりを転がしてあそぶおもちゃに。牛乳パックをつなげてはさみで切り取り、仕切りを作ります。

素材　牛乳パック・枝・ボタン・どんぐり
マスキングテープ・丸シール

作り方

牛乳パック　切り取る　切り込みを入れる　谷折り　ホチキスでとめる
山折り　半分に切る　同様に３つ作って並べて貼り合わせる

丸シール　切り取る
枝　貼る
ボタン
マスキングテープ

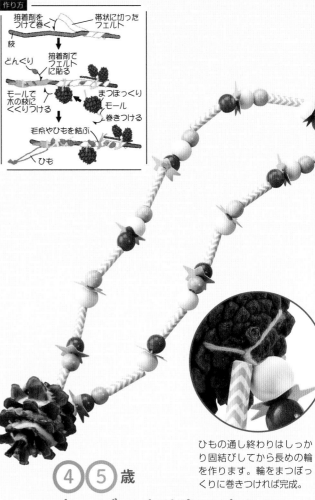

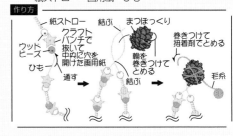

ひもの通し終わりはしっかり固結びしてから長めの輪を作ります。輪をまつぼっくりに巻きつければ完成。

まつぼっくりネックレス

毛糸を巻いたまつぼっくりが存在感抜群。チェーンはウッドビーズや紙ストローなどをひも通しして作ります。

素材　まつぼっくり・毛糸・ウッドビーズ
紙ストロー・画用紙・ひも

作り方

紙ストロー　結ぶ　まつぼっくり
ウッドビーズ　クラフトパンチで抜いて中央に穴を開けた画用紙　巻きつけて接着剤でとめる
ひも　輪を巻きつけてとめる
通す　結ぶ　毛糸

36

③④⑤歳
葉っぱスタンプの自画像

画用紙を顔に見たてて台紙に貼ったら、絵の具を塗った葉っぱのスタンプで、服や髪の毛を表現します。

素材 落ち葉・画用紙

作り方

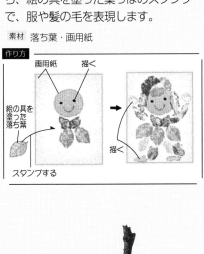

②③歳
2種の木の実ケーキ

おかずカップケーキは、絵の具に接着剤を混ぜたクリームでフラワーペーパーをとめ、どんぐりや毛糸で飾ります。

素材 まつぼっくり・どんぐり・枝・ビーズ
紙粘土・フラワーペーパー・毛糸・片段
ボール・おかずカップ・画用紙

作り方

〈片段ボールケーキ〉　〈おかずカップケーキ〉

37

③④⑤歳
牛乳パックの動物メガネ入れ ［コピー型紙］

牛乳パックに切り込みを入れてメガネを置けるようにひと工夫。飾りつけや動物の顔を子どもが作ります。

素材　牛乳パック・画用紙・折り紙
柄折り紙・包装紙・シール

作り方

牛乳パック → 切り取る → 描く / 切り取る / 貼る
貼る / ちぎった折り紙や柄折り紙 → 貼る → シール / ちぎった包装紙 / 底に貼る

※指定外すべて画用紙

画用紙に描いた似顔絵は裏から貼るだけ。おしゃれなフレームです。

④⑤歳
アイスの棒とパスタのピクチャーフレーム

絵の具で色を塗ったアイスの棒を交互に組んで接着剤で貼り、パスタで飾りつけ！

素材　アイスの棒・パスタ・画用紙・ひも

作り方

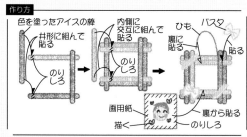

色を塗ったアイスの棒 / 井形に組んで貼る / のりしろ → 内側に交互に組んで貼る / のりしろ → ひも / パスタ / 裏に貼る / 貼る
画用紙 / 裏から貼る / 描く / のりしろ

③④⑤歳 紙皿のりんご型 ウォールポケット　[コピー型紙]

紙皿に半分に切った紙皿を貼り合わせ、ポケットに。折り紙などをちぎり貼りして、似顔絵を貼ります。

素材　紙皿・折り紙・柄折り紙・レースペーパー　　画用紙・リボン

手紙やカードを
収納するのに
ぴったり！

作り方

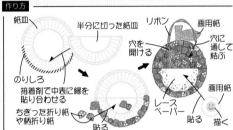

紙皿　半分に切った紙皿　リボン　画用紙
穴を開ける　穴に通して結ぶ
のりしろ
接着剤で中表に縁を貼り合わせる
ちぎった折り紙や柄折り紙　貼る　レースペーパー　貼る　描く　画用紙

作り方のポイント

仕掛けを子どもが製作する。半分に折った画用紙に2か所の折りすじと垂直に長・短の線を引き、はさみで切り込みを入れる。

切り込みを入れた部分を三角に折る。谷折り→山折りで、折りすじをつける。

画用紙を開き、中央のポケットのとび出す線を山折りになるように折り直し、別の画用紙に貼る。

③④⑤歳
花束の ポップアップカード　[コピー型紙]

2か所に長さの違う切り込みを入れ、折りすじをしっかりつけてから折り直すと、ポップアップの仕掛けになります。

素材　画用紙・柄折り紙・マスキングテープ

作り方

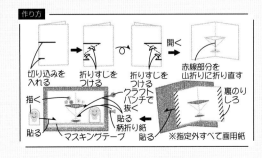

切り込みを入れる　折りすじをつける　折りすじをつける　開く　赤線部分を山折りに折り直す
描く　貼る　クラフトパンチで抜く　貼る　柄折り紙　貼る　マスキングテープ　裏のりしろ　貼る　※指定外すべて画用紙

運動会

製作をとおして運動会への期待を持って過ごします。さらに、当日使えるグッズで運動会を盛り上げましょう。

②③④⑤歳
〈写真上〉 **みんなのフラッグ**

みんなで作るフラッグは、3・4・5歳児が描いた似顔絵と、2歳児の指スタンプで作成。保護者も思わず見上げるにぎやかさ！

素材 画用紙・柄折り紙・ロープ

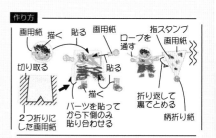

作り方

画用紙　描く　貼る　画用紙　指スタンプ　画用紙
切り取る　ロープを通す
2つ折りにした画用紙　パーツを貼ってから下側のみ貼り合わせる　描く　貼る　折り返して裏でとめる　柄折り紙

②③④⑤歳　コピー型紙
〈写真下〉 **手形ツリーのフラッグ**

自分の手形を幹に見たて、絵の具やクレヨンなどで描くフラッグは、個性が光る！　フェルトの飾りも彩りを添えます。

素材 画用紙・フェルト・ロープ・ひも

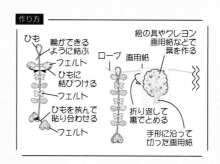

作り方

ひも　輪ができるように結ぶ　フェルト　絵の具やクレヨン画用紙などで葉を作る　ロープ　画用紙
ひもに結びつける　フェルト
ひもを挟んで貼り合わせる　フェルト
折り返して裏でとめる　手形に沿って切った画用紙

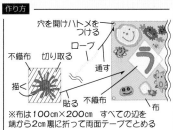

作り方

穴を開けハトメをつける

ロープ

不織布　切り取る

描く　通す

貼る　不織布

布

※布は100cm×200cm　すべての辺を端から2cm裏に折って両面テープでとめる

③④⑤歳
おひさまいっぱい
横断幕

布製で軽く、持ち運びも設置も簡単！
園舎やポールに結びつければ、入退場門としても、横断幕としても使えます。

素材　布・不織布・ロープ・ハトメ

おひさまの絵は、子どもが不織布に描いたものを切って貼ります。にぎやかで元気いっぱいの作品になります。

③④⑤歳
夢の国旗の
クラス旗

「こころをひとつに」というスローガンを掲げた、みんなの意気込みが伝わる横断幕です。子どもたちがイメージした、夢の国旗が目を引きます。

素材　不織布・フェルト・ロープ

めい

思い思いに自分たちがイメージした「こんな国があったらいいな」という国旗を、クレヨンで描いていきます。

作り方

ロープ

パンチで穴を開ける

フェルト

貼る

クレヨンで描く　23cm　貼る

不織布

貼る　16cm　不織布に名前を書く

こころもひとつに
たんぽぽぐみ

100cm

マーカーなどで文字を書く

不織布

200cm

④⑤歳
メガホン形プログラム

【コピー型紙】

子どもたちが思い思いに描いた自画像と、メッセージやシールのついたふきだしが飛び出す仕掛けです。

素材　A4の画用紙・キラキラシール
紙テープ・オーロラ折り紙
折り紙

うんどうかい
はるき

OPEN

運動会　10月14日(体育の日)

1	開会式	のびのびたいそう	全園児
2	体操	ひよこレース	乳児
3	かけっこ	ころころ玉入れ	3歳児
4	玉入れ	ひとりでできるよ!	4歳児
5	障害物競走	変身レース	乳児親子
6	親子競技	げんきいっぱいレース	3歳児
7	かけっこ	よーいどん!	4歳児
8	かけっこ	パワー全開!	5歳児
9	綱引き	にんじゃダンス	3歳児親子
10	ダンス	クラス対抗リレー	4歳児親子
11	リレー	いっしょにゴール	5歳児親子
12	親子競技	おおきなズボン	
13	親子競技	追いつけ追い越せ	
14	親子競技	あかしろ応援ダンス	
15	ダンス	おやまのダンス	
16	ダンス		
17	閉会式		

作り方

〈フラッグ形プログラム〉

A4の画用紙を半分に切る

折り紙を貼る
谷折り
画用紙
クレヨンで絵を描く
プログラムを貼る
紙ストロー
貼る
先端にキラキラテープをつける

〈中面〉

広げた切り紙を貼る
〈表面〉
ペンでタイトルと名前を書く

〈切り紙〉
折り紙を折りたたむ
自由にカットする

〈メガホン形プログラム〉

谷折り
メガホン形に切り取る

紙テープなどを貼ってペンで模様を描く
〈表面〉

A4の画用紙を2つ折りにする

ペンでタイトルと名前を書く

〈中面〉
折り紙を貼る
谷折り
〈表〉
貼る

プログラムを貼る

クレヨンで自画像とメッセージをかく
〈裏〉

キラキラシールやオーロラ折り紙を貼る

うんどうかい
りさ

OPEN

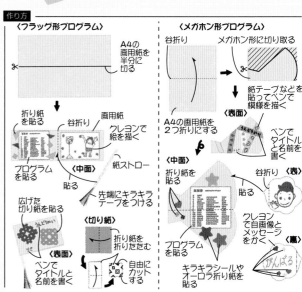

運動会　10月14日(体育の日)

④⑤歳
フラッグ形プログラム

表紙は子どもたちが作った切り紙を貼り、中には運動会で頑張る自分たちの絵を。応援グッズとしても使えます。

素材　A4の画用紙・折り紙・紙ストロー
キラキラテープ

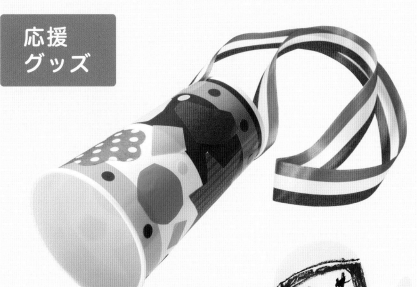

応援グッズ

②③④⑤歳 紙コップメガホン

紙コップの底を切り取り、カラフルなリボンをつけて。紙コップには切り紙や丸シールなど自由に飾りを。

素材　紙コップ・折り紙・柄折り紙・丸シール
リボン・ビニールテープ

作り方

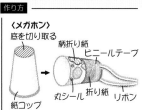

〈メガホン〉
底を切り取る　柄折り紙　ビニールテープ
丸シール　折り紙　リボン
紙コップ

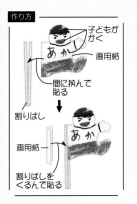

作り方

子どもがかく
画用紙
間に挟んで貼る
割りばし
画用紙
割りばしをくるんで貼る

④⑤歳 個性が光る似顔絵フラッグ

コピー型紙

保育者が作ったベースの上に、子どもたちが自画像を描きます。帽子の色はクラスの色に変えても。

素材　画用紙・割りばし

③④⑤歳 振って叩いてキャップリング

音の出る、楽しい応援グッズ。丸シールに自由に絵を描いて、キャップの両側に貼ります。

素材　ペットボトルのふた・ビーズ・ゴム・ビニールテープ
丸シール

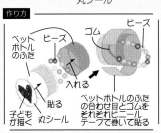

作り方
ビーズ　ゴム　ビーズ
ペットボトルのふた
入れる
貼る
子どもが描く　丸シール
ペットボトルのふたの合わせ目とゴムをそれぞれビニールテープで巻いて貼る

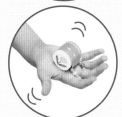

両手の内側に装着して、振ったり、打ち合わせたりして音を出します。

秋 運動会

43

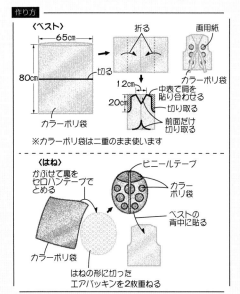

前開きのベストは、リボンで結ぶタイプ。脱ぎ着しやすいのもポイントです。

②③④歳
てんとうむし

男女で使えて、かわいさ満点！
カラーポリ袋を色違いにしても。
画用紙を貼る部分を子どもが製作します。

素材 カラーポリ袋・エアパッキン・画用紙
ビニールテープ・曲がるストロー・輪ゴム

作り方

〈ベスト〉

65cm

80cm

切る

カラーポリ袋

折る

画用紙

カラーポリ袋

12cm

20cm

中表で肩を貼り合わせる
切り取る
前面だけ切り取る

※カラーポリ袋は二重のまま使います

〈はね〉

かぶせて惠をセロハンテープでとめる

ビニールテープ

カラーポリ袋

ベストの背中に貼る

カラーポリ袋

はねの形に切ったエアパッキンを2枚重ねる

④⑤歳 忍者

ダンスにも競技にも使える衣装です。はちまきや腕輪の部分を子どもたちと製作します。ベルトは青やピンクなど好きな色にしても！

素材 不織布・カラーポリ袋・ホログラムテープ
輪ゴム・画用紙・面ファスナー

作り方

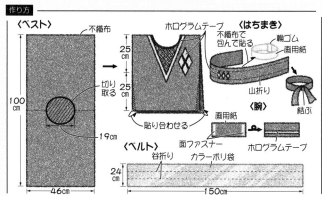

〈ベスト〉

不織布

100cm

46cm

切り取る

ホログラムテープ

25cm

25cm

19cm

貼り合わせる

〈はちまき〉

不織布で包んで貼る

輪ゴム
画用紙

山折り

結ぶ

〈腕〉

画用紙

面ファスナー

ホログラムテープ

〈ベルト〉

谷折り

カラーポリ袋

24cm

150cm

ハロウィン

かぼちゃやおばけなどをモチーフにしたかわいい製作がたくさん。出し物などでも使えるアイデアです。

④⑤歳
おばけステッキ

しっぽがクルクル舞うステッキは、ストローと画用紙で簡単に作れます。ぐるぐるとうずまき状に切るのを楽しみます。

素材 ストロー・画用紙

③④⑤歳
おばけ コピー型紙

正方形のカラーポリ袋を2枚重ねて作ります。袖がひらひら揺れて、おばけ感アップ。子どもはおばけの顔を自由に貼ってデザインして。

素材 カラーポリ袋・画用紙・透明テープ・両面テープ

③④⑤歳
かぼちゃバッグ コピー型紙

子どもは細長く切った画用紙をふんわり貼ってバッグに。かぼちゃの顔も貼りましょう。

素材 紙コップ・画用紙

作り方

〈おばけステッキ〉

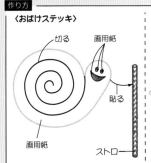

切る 画用紙 貼る 画用紙 ストロー

〈おばけ〉

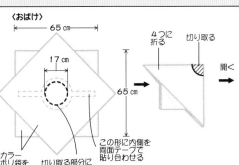

← 65cm →

17cm

65cm

カラーポリ袋を2枚重ねる

この形に内側を両面テープで貼り合わせる

切り取る部分にペンなどで印をつける

4つに折る → 切り取る

両面テープを貼ったところに切り込みを入れる

開く

12cm 8cm

貼った上から透明テープを貼る

画用紙 画用紙

〈かぼちゃバッグ〉

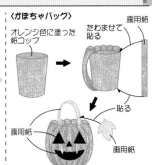

オレンジ色に塗った紙コップ 画用紙 たわませて貼る

→ 貼る

画用紙 画用紙

③④⑤歳

かぼちゃとおばけの
ガーランド

コピー
型紙

顔をみんなで楽しく描きましょう。同じ形で画用紙とフェルトを混ぜて作ると、素材の変化が楽しめます。

素材 画用紙・フェルト・シール・リボン・モール

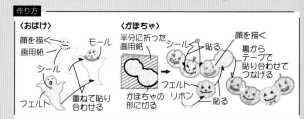

作り方

〈おばけ〉
顔を描く
画用紙
モール
シール
フェルト
重ねて貼り合わせる

〈かぼちゃ〉
半分に折った画用紙
シール
貼る
顔を描く
裏からテープで貼り合わせてつなげる
かぼちゃの形に切る
フェルト
リボン
貼る

③④⑤歳

コピー
型紙

かぼちゃリング

オレンジ色の粘土をペットボトルのふたに詰めて顔を作ります。2色のモールをねじってカラフルに。

素材 軽量粘土・画用紙・ペットボトルのふた
モール・ビーズ

作り方

画用紙
モールの上から貼る
2色のモールをねじる
オレンジ色の軽量粘土をつめる
ビーズ
画用紙
ペットボトルのふた

③④⑤歳

かぼちゃのおばけの
お菓子入れ

紙袋に模様や顔を描いて、モールでぎゅっと絞れば、簡単にかぼちゃのおばけのお菓子入れに。

素材 紙袋・モール・キラキラモール

作り方

お店やさんで買ったものを入れる
キラキラモール
モール
ねじって巻く
紙袋
口をしぼってモールを巻く
クレヨンで模様や顔を描く

③④⑤歳

おばけキャンディー

好きな色のホイル折り紙にペンで顔を描いて作る、個性豊かなおばけキャンディー。顔は画用紙を貼っても。

素材 カラーホイル折り紙・ラッピング紙
ティッシュペーパー・画用紙

作り方

丸めたティッシュペーパー
カラーホイル折り紙やラッピング紙
両端をねじる
ペンで描いたり画用紙を貼ったりして顔を作る

④ ⑤ 歳
紙コップ
おばけ

紙コップの中に、ビニール袋
で作ったおばけをしのばせた
おもちゃ。おばけの目や手、
リボンは画用紙で作ります。

素材 ビニール袋・紙コップ・スト
ロー・画用紙・丸シール

<作り方>
ペンで描く　画用紙を貼る
ストロー
顔を描いた丸シール
ビニール袋の口を、ストローの口にテープで巻いてとめる
紙コップ
底に開けた穴にストローを通す

息を吹き入れると、
ふくらんだりしぼん
だりするのが楽しい
おもちゃです。

⑤ 歳
かぼちゃと
こうもりのトレー
コピー型紙

ティッシュケースに、マスキングテープ
を貼ったり模様を描いたりして、素敵な
トレーを作りましょう。

素材 ティッシュケース・画用紙・ラッピ
ングペーパー・マスキングテープ
モール・厚紙

<作り方>
〈かぼちゃのトレー〉
穴を開けてモールを通す
画用紙を貼る
ティッシュケースの底
マスキングテープ　モール
顔を描く
厚紙を貼り補強する

〈こうもりのトレー〉
画用紙
顔を描く
ティッシュケースの底
貼る
模様を描く
ペンで模様を描く
ラッピングペーパーを貼る

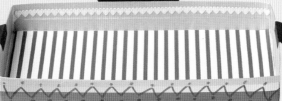

秋
ハロウィン

47

12・1・2月

この季節は、クリスマスやお正月、節分など、
子どもも関心の高い行事が目白押しです。
室内で作ってあそべる製作もいっぱいです。

クリスマス

クリスマスツリーやリース、サンタさんなど、華やかなモチーフの多い行事です。サンタさんが来てくれるのを楽しみにしている子どもたちが、準備時間も楽しめる製作アイデアです。

クリスマス ツリー

② 歳

ぐるぐる描きツリー コピー型紙

ツリーに自由に絵を描いたら、ホイル折り紙やハギレで飾りつけ。マスキングテープの額縁で作品を引き立てます。

素材 画用紙・ホイル折り紙・ハギレ
片段ボール・マスキングテープ

作り方

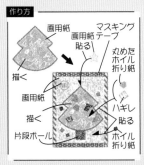

 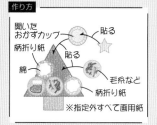

開いた
おかずカップ
柄折り紙
綿
貼る
貼る
★
毛糸など
柄折り紙
※指定外すべて画用紙

③④歳

丸オーナメントの平面ツリー _{コピー型紙}

オーナメントに見たてた丸い台紙に
自由に好きな飾りを貼りましょう。
星を貼ったおかずカップがポイント。

素材 画用紙・柄折り紙・おかずカップ・毛糸・綿

④⑤歳

プラカップの立体ツリー _{コピー型紙}

切り紙やホイル折り紙で飾りつ
けた立体的なツリー。透け感を
生かしてランタン風にしても。

素材 画用紙・柄折り紙・ホイ
ル折り紙・プラカップ
マスキングテープ・モール

作り方

のりしろ
画用紙
挟んで貼る 画用紙
モール
差し込む
丸めた
ホイル
折り紙
3回
折る
切る
開く
ねじる
貼る
貼る
柄折り紙
円すい形
に貼る
かぶせる
マスキン
グテープ
プラ
カップ

ランタン風ツリーに！ ◇

プラカップの中に
LEDライトを入れる
と、すきまから光が
見えてきれい！

④⑤歳 _{コピー型紙}

切り紙の立体ツリー

好きな形に切り紙をした折り紙を貼れ
ば、自分だけのツリーに。柄折り紙を
プラスして華やかに。

素材 画用紙・折り紙・ホイル折り紙
モール・柄折り紙

作り方

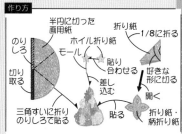

半円に切った
画用紙
折り紙
ホイル折り紙
1/8に折る
のり
しろ
モール
貼り
合わせる
好きな
形に切る
切り
取る
差し
込む
開く
三角すいに折り
のりしろを貼る
貼る
折り紙・
柄折り紙

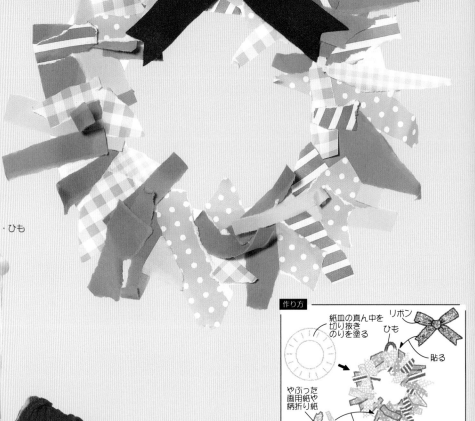

クリスマス
リース

②③歳

ちぎり紙の
リース

柄折り紙や画用紙をビリビリ
にやぶるのを楽しんだら、紙
皿に貼ってボリュームのある
リースにしましょう。

素材　紙皿・柄折り紙・画用紙・リボン・ひも

作り方

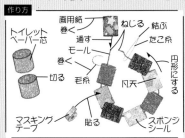

紙皿の真ん中を
切り抜き
のりを塗る　　リボン

ひも

貼る

やぶった
画用紙や
柄折り紙

貼る

④⑤歳

トイレットペーパー芯の
コロコロリース

クリスマスカラーの毛糸をぐるぐる巻き
つけたり、好きなシールなどを貼ったり
する製作。モールを通して円にします。

素材　トイレットペーパー芯・毛糸・画用紙・マスキング
テープ・凡天・スポンジシール・モール・たこ糸

作り方

画用紙
巻く　　ねじる　　結ぶ
トイレット　　　　　　たこ糸
ペーパー芯　通す　　モール

巻く　　　　　　円形にする
切る　　毛糸　　凡天

マスキング　　　　　　スポンジ
テープ　　貼る　　　　シール

50

④⑤歳
段ボールの
リース

〈リースの土台例〉

四角形や三角形に切った段ボールに色を塗り、貼り合わせましょう。タイルシールや凡天などで華やかに飾りつけ。

素材 板段ボール・タイルシール
キラキラモール・凡天・ホイル折り紙・レースリボン

作り方

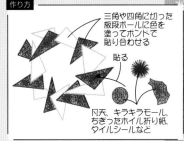

三角や四角に切った板段ボールに色を塗ってボンドで貼り合わせる

貼る

凡天、キラキラモール、ちぎったホイル折り紙、タイルシールなど

飾り方アイデア

太めのリボンをつけて、吊り下げて飾ります。クラフトパンチで抜いた雪の結晶を飾って。

③④⑤歳 [コピー型紙]
紙皿リングのリース

中央をくり抜いた紙皿に、輪にした画用紙などを貼りましょう。ミラーテープやレースシールがアクセントに！

素材 紙皿・画用紙・柄折り紙・レースシール
ミラーテープ・リボン・ひも

作り方

リボン～裏に貼る
画用紙や柄折り紙
中央をくり抜いた紙皿
帯状に切り内側で貼って輪にする
リボン
貼る
ミラーテープ
ひも裏に貼る
画用紙
描く
レースシール

51

③④⑤歳
くるくるひげの
まんまる
サンタクロース

保育者が切った画用紙を、くるんと丸
めて貼りましょう。サンタの顔やひげ
の丸め方、つけ方でいろいろな表情に。

素材　画用紙・ホイル折り紙

作り方

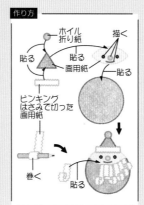

ホイル
折り紙　　描く
貼る　　　　貼る
貼る　　　画用紙
　　　　　　　貼る
ピンキング
はさみで切った
画用紙
巻く
貼る

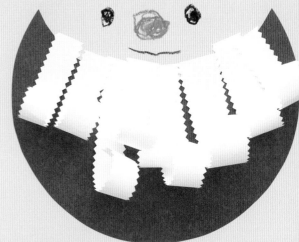

④⑤歳
毛糸の巻き巻き
あったかブーツ　コピー型紙

段ボールに入れた切り込みに、毛糸を引っか
けて縦に巻いたら、色を変えて横に巻きま
す。編み物のような仕上がりを楽しんで。

素材　段ボール・毛糸・布・ボタン

作り方

段ボール　　かぶせて
　　　　　　ボンドで　布
全体に　　　貼る
切り込みを
入れる　　　　　　　毛糸
　　　　貼る
毛糸　　　ボタン
　　　　　　　横に巻く
縦に巻く

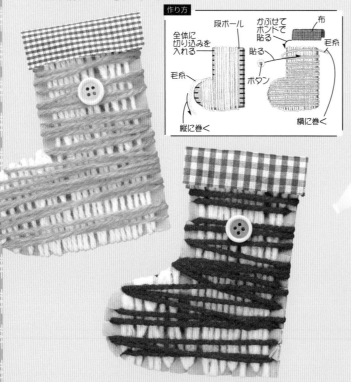

③④歳
ペットボトルの
スノードーム風
サンタクロース

フラワーペーパーを入れ、画用
紙をちぎってひげにしたサンタ
さん。モールで結んだ帽子もか
わいいです。

素材　小さいペットボトル・画用紙
フラワーペーパー・モール・ホロ
グラム折り紙

作り方

入れてふたをする　　フラワー
　　　　　　　　　　ペーパー
水　　　　　　ホログラム
　　　　　　　折り紙
小さい　　　入れる
ペット　　　　　　モール
ボトル
2色を　　　　巻いて
貼り合わせた　とめる
画用紙

ちぎった
画用紙
貼る　　　描く　両面テープ

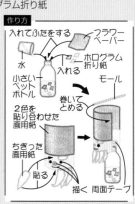

水の中をフラワー
ペーパーがゆらゆ
ら揺れてきれい！

②③歳 雪の結晶

コピー型紙

綿棒は好きな長さに切って画用紙に貼ります。アイスの棒は綿棒でスタンプして模様をつけます。

素材 画用紙・綿棒・アイスの棒・リボン

ツリーのオーナメントにもなります！

作り方

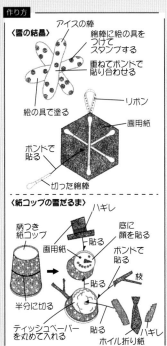

〈雪の結晶〉
アイスの棒
綿棒に絵の具をつけてスタンプする
重ねてボンドで貼り合わせる
絵の具で塗る
リボン
画用紙
ボンドで貼る
切った綿棒

〈紙コップの雪だるま〉
柄つき紙コップ
ハギレ　貼る
画用紙
底に顔を貼る
ボンドで貼る
半分に切る
枝
ティッシュペーパーを丸めて入れる
貼る
ハギレ
ホイル折り紙

飾り方アイデア

紙コップの雪だるまを毛糸に貼って、吊るし飾りに。アクセントとしてアイスの棒で作った雪の結晶をつけます。

④⑤歳 紙コップの雪だるま

半分に切った紙コップを貼り合わせます。顔や枝、ハギレを自由に飾りつけてオリジナルの雪だるまに。

素材 柄つき紙コップ・ティッシュペーパー・画用紙・ホイル折り紙枝・ハギレ

作り方

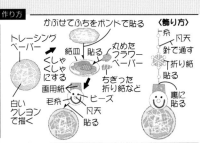

かぶせてふちをボンドで貼る
トレーシングペーパー
紙皿　貼る
くしゃくしゃにする
画用紙
白いクレヨンで描く
丸めたフラワーペーパー
ちぎった折り紙など
毛糸
ビーズ
凡天

〈飾り方〉
糸
凡天
針で通す
折り紙貼る
裏に貼る
凡天貼る

②③④歳 ちぎり折り紙のスケルトンスノーマン

コピー型紙

トレーシングペーパーに絵を描く、フラワーペーパーを丸める、紙をちぎるなどが楽しめます。透け感がおしゃれです。

素材 トレーシングペーパー紙皿・フラワーペーパー折り紙・柄折り紙・画用紙毛糸・凡天・ビーズ糸

飾り方アイデア

切り紙した雪の結晶と、凡天で作る吊るし飾り。白い凡天を雪に見たてて一緒に飾るとおしゃれ。

冬 クリスマス

53

お正月

伝統的な飾りやモチーフ、こま回し、たこあげなどの伝承あそびもたくさん。新年の始まりを子どもたちと喜びながら作りましょう。

④ ⑤ 歳

絵馬
<small>コピー型紙</small>

画用紙に願いごとを書いたら、カラー工作用紙に貼り、千代紙でまわりを自由に飾りましょう。カラーひもを結んで、ガーランド風の壁面飾りに。

<small>素材　カラー工作用紙・千代紙・モール・折り紙・画用紙・カラーひも</small>

飾り方アイデア

②③④歳 羽子板 コピー型紙

画用紙の羽子板にお花模様をスタンプします。縁起のよいモチーフと一緒に吊るしました。

素材　画用紙・千代紙・スポンジ・輪ゴム
　　　金折り紙

スタンプの作り方

❶正方形に切ったスポンジと輪ゴムを2本用意する。

❷2本の輪ゴムを十字にかけて、きつく結ぶ。

飾り方アイデア

千代紙を細く切って貼り合わせ、製作した羽子板を貼ります。間に招き猫やだるまなどを貼り、華やかに。和の雰囲気が感じられる飾りつけです。

③④歳 鏡もち コピー型紙

おもちをふたつ重ねて、みかんをのせれば、鏡もちのできあがり。鏡もちを作る気分が味わえますね。

素材　画用紙・折り紙
　　　綿ロープ

作り方

裏側に貼る
綿ロープ
画用紙
貼る
画用紙
貼る
描く
折り紙

④⑤歳
牛乳パックの
ビッグこま

牛乳パックを切り開いた大きなこまです。好きなものや模様を描いて、自分だけのこまを作ります。回り方もダイナミック！

素材　牛乳パック（1L）・ペットボトルの
　　　ふた・ビー玉・丸シール

裏面の中心に、セロハンテープでビー玉を貼ります。

作り方

切る　4辺を切り開く　描く　丸シール
貼る　貼る　丸シール
牛乳パック（1L）　ペットボトルのふた　セロハンテープで貼る　ビー玉

くるくと
よく回ります！

よく回るこまのポイント

●**軸と床の摩擦を小さく**
軸の先端（床に接する部分）を小さくて硬いもので作ると、摩擦が小さくなり、よく回ります。

●**空気抵抗を減らす**
表面がなめらかだと、空気抵抗が減り、長く回ります。

●**重心を低くする**
重心の位置を低くすると、バランスが取れて安定します。

●**外側を重くする**
軸よりも回る部分の外側（外周部）を重くすると、長く回ります。

丸く切った工作用紙や紙皿に、好きな飾りを描いたり貼ったりして作るこま。回すと折り紙がキラキラ光ってきれい！

素材　銀の工作用紙・紙皿・丸シール・ホログラム折り紙・ホイル折り紙・画用紙・アルミはく

作り方

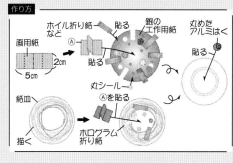

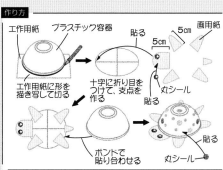

作り方

くるくる かめさんごま

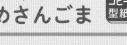
コピー型紙

深めのプラスチック容器をこうらに見たて、シールを貼ってかめさんごまに。こうらの部分をつかんで回します。

素材　工作用紙・深めのプラスチック容器 画用紙・丸シール

※4歳児にはよく回るようにアルミホイルやビー玉を底につけてもよいでしょう。

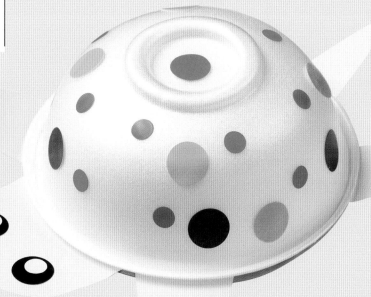

冬
お正月

57

③④⑤歳

ポリ袋の
足ながたこ

ペンで描いたりビニールテープ
を貼ったりし、好きな模様を作
ります。紙テープを長くすると、
安定してあがります。

素材　半透明のポリ袋・ビニールテープ
丸シール・ストロー・紙テープ・たこ糸

ふわりと
よくあがる！

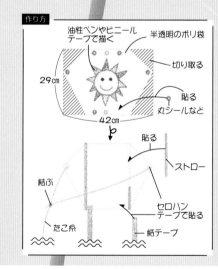

作り方

油性ペンやビニール
テープで描く　　　　半透明のポリ袋

切り取る

29㎝

貼る

丸シールなど

42㎝

貼る

ストロー

結ぶ

セロハン
テープで貼る

たこ糸　　　　　　　　　紙テープ

すごくあがるたこの作り方

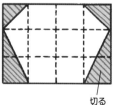

A3の場合

切る

それぞれ均等にあたりとして
縦を3分割、横を4分割する。

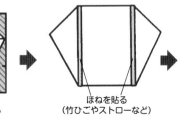

ほねを貼る
（竹ひごやストローなど）

ほねを2本貼る。

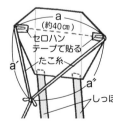

a
（約40㎝）

セロハン
テープで貼る

たこ糸

a′

a″

しっぽ

たこの一番長い直線部分（a）と両側
の糸（a′とa″）が、正三角形になる
ように同じ長さにする。しっぽを
つけるとたこが安定する。

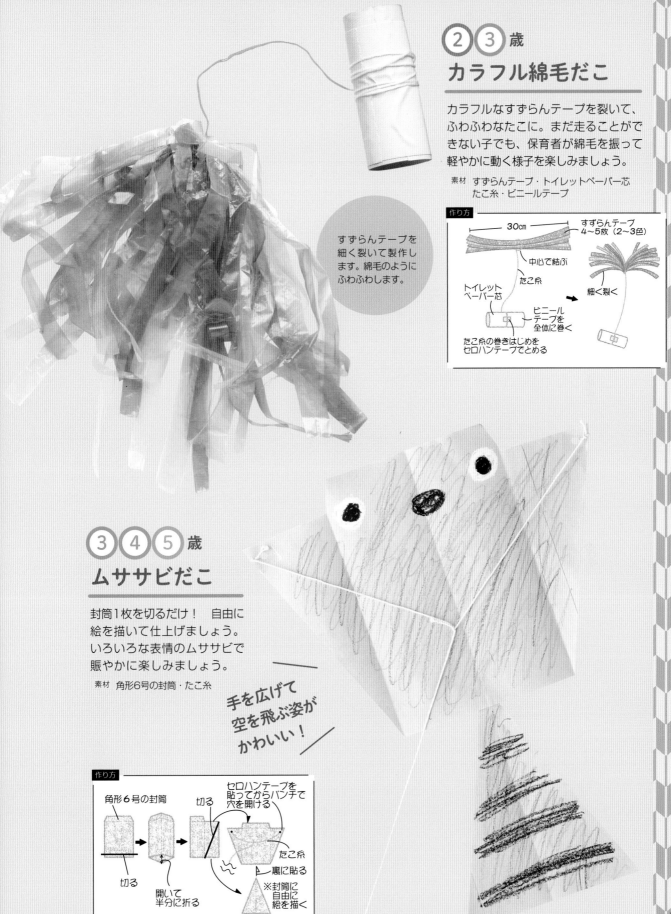

②③歳
カラフル綿毛だこ

カラフルなすずらんテープを裂いて、ふわふわなたこに。まだ走ることができない子でも、保育者が綿毛を振って軽やかに動く様子を楽しみましょう。

素材 すずらんテープ・トイレットペーパー芯
たこ糸・ビニールテープ

すずらんテープを細く裂いて製作します。綿毛のようにふわふわします。

作り方

すずらんテープ
4～5枚（2～3色）

30cm

中心で結ぶ

たこ糸

トイレット
ペーパー芯

ビニール
テープを
全体に巻く

細く裂く

たこ糸の巻きはじめを
セロハンテープでとめる

③④⑤歳
ムササビだこ

封筒1枚を切るだけ！　自由に絵を描いて仕上げましょう。いろいろな表情のムササビで賑やかに楽しみましょう。

素材 角形6号の封筒・たこ糸

手を広げて
空を飛ぶ姿が
かわいい！

作り方

角形6号の封筒

切る

切る

開いて
半分に折る

セロハンテープを
貼ってからパンチで
穴を開ける

たこ糸

裏に貼る

※封筒に
自由に
絵を描く

節分

おには外、福は内！ と元気な声で節分を楽しみましょう。おにのお面はいろいろな素材を使って作れる作品を集めました。

おにのお面

カラフルに
飾りつけましょう！

③④⑤歳

大きなツノのティッシュボックスお面

ティッシュボックスの底面を切り開き、切って丸めてツノに！ 紙をちぎる、丸める、色を塗るなど、様々な技法を使います。

素材 ティッシュボックス・画用紙・両面柄折り紙・片段ボール・輪ゴム

②③歳

くしゃくしゃヘアのお面

子どもがくしゃっとさせたフラワーペーパーを髪の毛に使います。いろいろな色を用意してカラフルに。

素材 フラワーペーパー・画用紙
カラー工作用紙・輪ゴム

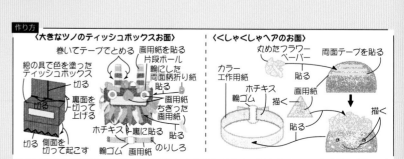

作り方

〈大きなツノのティッシュボックスお面〉

巻いてテープでとめる
絵の具で色を塗ったティッシュボックス
切る
裏面を切って上げる
切る
側面を切って起こす
画用紙を貼る
片段ボール
輪にした両面柄折り紙
貼る
画用紙
ちぎった画用紙
ホチキス
輪ゴム
裏に貼る
貼る
のりしろ
画用紙

〈くしゃくしゃヘアのお面〉

丸めたフラワーペーパー
両面テープを貼る
カラー工作用紙
ホチキス
輪ゴム
貼る
画用紙
描く
貼る
描く

ひらひら髪の封筒お面

ひらひらした髪の毛は、柄折り紙や封筒をはさみでチョキン。1回切りがたくさん楽しめる製作です。

素材　A4の封筒・マスキングテープ・柄折り紙
　　　画用紙

④ ⑤歳

毛糸ぐるぐるお面

中心をくり抜いた紙皿に、子どもたちが毛糸を巻きつけて。髪の部分は、エアパッキンにカラフルに色を塗ります。

素材　紙皿・毛糸・画用紙・エアパッキン
　　　平ゴム

③ ④ ⑤歳

キラキラヘアの紙皿お面

手触りが新鮮なアルミはくは、くしゃっと丸めてキラキラの髪の毛に。じゃばら折りの眉毛もポイントです。

素材　紙皿・画用紙・アルミはく
　　　マスキングテープ・輪ゴム

冬
………
節分

作り方

〈ひらひら髪の封筒お面〉

A4の封筒
折る
口の部分をテープでとめる
マスキングテープを貼る
柄折り紙に切り込みを入れる
貼る
裏返す
折る
切る
折ってテープでとめる
画用紙
マスキングテープを貼ってから切り込みを入れる

〈毛糸ぐるぐるお面〉

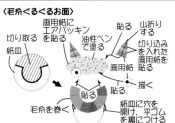

切り取る
紙皿
画用紙にエアパッキンを貼る
油性ペンで塗る
山折りする
切り込みを入れた画用紙を貼る
画用紙
描く
描く
貼る
貼る
毛糸を巻く
紙皿に穴を開け、平ゴムを裏につける

〈キラキラヘアの紙皿お面〉

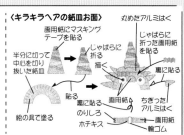

丸めたアルミはく
画用紙にマスキングテープを貼る
じゃばらに折る
描く
じゃばらに折った画用紙を貼る
裏に貼る
半分に切って中心を切り抜いた紙皿
絵の具で塗る
貼る
画用紙
のりしろ
ホチキス
裏に貼る
ちぎったアルミはく
画用紙
輪ゴム

61

豆入れ

画用紙や丸シールで顔を描いた封筒を
切り取って作りましょう。保育者が毛
糸の肩かけひもをつけます。

素材　折り紙・封筒・画用紙・丸シール・毛糸

斜めがけで手があ
くので、豆まきも
らくちんです！

おには
そと！

福は
うち！

アルミはくを丸めた
り、紙をくるくる巻
いて、手作りの豆の
できあがり！

③④⑤歳

おにの
エンブレムつき豆入れ

おにの絵を描いてプラカップに貼り、
サテンコードで穴通しをしましょう。
作品として飾っても。

素材　プラカップ・画用紙・リボン・サテンコード

作り方

〈おにのエンブレムつき豆入れ〉

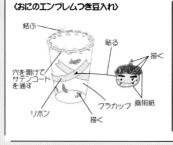

結ぶ

貼る

描く

穴を開けて
サテンコード
を通す

リボン

プラカップ

描く

画用紙

〈カラー封筒のポシェット豆入れ〉

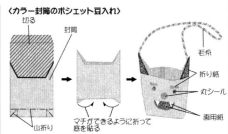

切る

封筒

山折り

マチができるように折って
底を貼る

毛糸

折り紙

丸シール

画用紙

62

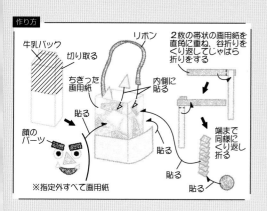

牛乳パック
切り取る
リボン
ちぎった
画用紙
内側に
貼る
貼る
2枚の帯状の画用紙を
直角に重ね、谷折りを
くり返してじゃばら
折りをする
顔の
パーツ
貼る
貼る
貼る
端まで同様に
くり返し
折る

※指定外すべて画用紙

④⑤歳

顔のパーツは、
○・△・□に切っ
た画用紙を組み合
わせて作って。

ビヨーンと伸びる牛乳パック豆入れ

子どもたちが顔とじゃばら折りの
手足を作って、牛乳パックに貼り
つけます。手足が伸び縮みする、
持つのが楽しくなる豆入れ。

素材　牛乳パック・画用紙
　　　リボン

②③④歳

おたふく&おにの牛乳パックの豆入れ　コピー型紙

保育者が用意した牛乳パックの側面に、
ちぎった千代紙や、あらかじめパンチで
抜いた折り紙を貼って飾ります。

素材　牛乳パック・画用紙・千代紙
　　　両面折り紙・折り紙

口の部分を
切り落とした
牛乳パック
両面折り紙
描く
画用紙
角に沿って
半分まで切り
込みを入れる
外側に折って
のりづけする
ちぎった千代紙や
クラフトパンチで
抜いた折り紙
画用紙
描く
貼る

裏は……

裏面はおにの
顔になってるよ！

②③④⑤歳

プリンカップの豆入れ

プリンカップを2つ組み合わせ、
ふたつきの豆入れに。おにの顔
の部分を子どもが製作します。
小さな子はフラワーペーパーや
毛糸の感触を楽しみましょう。

素材　プリンカップ・毛糸・画用紙
　　　ミラーテープ・カラー工作用
　　　紙・フラワーペーパー

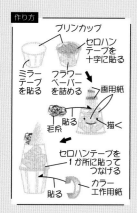

プリンカップ
セロハン
テープを
十字に貼る
ミラー
テープ
を貼る
フラワー
ペーパー
を詰める
画用紙
貼る
描く
毛糸
セロハンテープを
1か所に貼って
つなげる
カラー
工作用紙
貼る

裏は……

裏には持ち手をつ
けます。持ち運び
しやすい！

冬

節分

63

春が再び巡ってきました！
一年でできるようになったことを取り入れたり、
園での思い出を振り返ったりしながら
取り組んでみましょう。

ひな祭り

日本の伝統行事のひとつとして、子どもたちみんなで楽しみたいひな祭り。ひな飾りは壁かけにしたり、置いて飾ったりといろいろなタイプをご紹介します。

春らしく、パステル系の色を使うと華やかです。

②③④⑤歳 [コピー型紙]

お花いっぱい！
紙皿のおひなさま

保育者が真ん中を切り抜いた紙皿を土台にして、丸めたフラワーペーパーを貼ります。千代紙などを選んで貼る、顔を描くなど年齢ごとに楽しめる要素がたくさんある製作。

素材　紙皿・フラワーペーパー・画用紙
　　　千代紙・リボン・丸シール

【作り方】

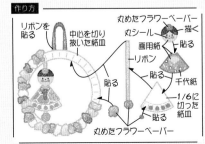

リボンを貼る
中心を切り抜いた紙皿
丸めたフラワーペーパー
丸シール
描く
画用紙
貼る
リボン
貼る
千代紙
貼る
1/6に切った紙皿
貼る
丸めたフラワーペーパー

③④⑤歳 マーブル紙粘土の置きびな

コピー型紙

絵の具を混ぜた紙粘土を、まん丸にしておひなさまの体にします。台紙は、保育者がカラフルな画用紙を縁に沿って貼りつけます。

素材　紙粘土・画用紙・千代紙・工作用紙・モール

作り方

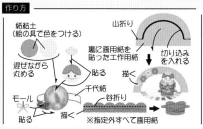

紙粘土（絵の具で色をつける）
混ぜながら丸める
山折り
裏に画用紙を貼った工作用紙
切り込みを入れる
描く
貼る
モール
貼る
千代紙
描く
谷折り
※指定外すべて画用紙

③④⑤歳 ペットボトルのはじき絵びな

コピー型紙

半円形の画用紙にはじき絵をしたら、ペットボトルにくるりと巻いて着物に。保育者がティッシュの空き箱で台座を用意しましょう。

素材　画用紙・小さめのペットボトル・紙テープ・ホイル折り紙・レーステープ・ティッシュの空き箱

作り方

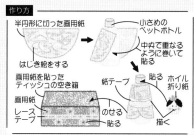

半円形に切った画用紙
はじき絵をする
小さめのペットボトル
中央で重なるように巻いて貼る
画用紙を貼ったティッシュの空き箱
画用紙
レーステープ
紙テープ
ホイル折り紙
貼る
貼る
のせる
貼る
描く

スッキリとした立ちびな風おひなさまです！

③④⑤歳 木製スプーンのお顔のおひなさま

コピー型紙

木製スプーンを乳酸飲料の空き容器にさし、顔に見たてました。自由に表情を描き入れましょう。

素材　乳酸飲料の空き容器・木製スプーン・千代紙　画用紙・カラー工作用紙・マスキングテープ

作り方

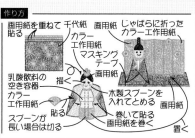

画用紙を重ねて貼る
千代紙
画用紙
じゃばらに折ったカラー工作用紙
カラー工作用紙
マスキングテープ
描く
乳酸飲料の空き容器
カラー工作用紙
貼る
スプーンが長い場合は切る
木製スプーンを入れてとめる
巻いて貼る画用紙を巻く
画用紙
置く

画用紙を巻く、千代紙を巻くなどを子どもが製作します。金屏風が本格的！

②③④歳

壁かけ
スタンプびな

綿棒を束ねて作ったスタンプ
で楽しくポンポン！ 桃の花
を飾った土台に貼って壁かけ
のおひなさまに。

素材　画用紙・グリッターペーパー
　　　ひも

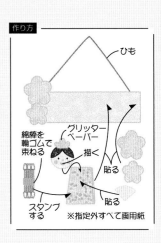

作り方

ひも

綿棒を
輪ゴムで
束ねる

グリッター
ペーパー

描く

貼る

スタンプ
する

貼る

※指定外すべて画用紙

飾り方アイデア

メインのおひなさまのまわ
りに、子どもたちが製作し
たおひなさまを飾ります。
ひしもちと桃の花で華やか
にしましょう。

素材

画用紙・グリッターペーパー・柄折り紙
板段ボール・フラワーペーパー

作り方

〈飾り方アイデア〉　グリッターペーパー

描く

柄折り紙

裏に板段ボールを貼って
浮かせる

※指定外すべて画用紙

〈桃の花〉　　タンポする

貼る

丸めた
フラワーペーパー

〈ひしもち〉　同じサイズの
画用紙をずらして貼る

貼る

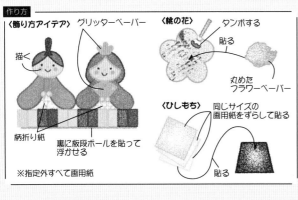

②③④⑤歳

桃の花・ひしもち

桃の花は、保育者が用意した花の形の
画用紙に子どもがタンポし、フラワー
ペーパーを丸めて貼ります。ひしもち
は3色の画用紙を少しずらして貼りま
す。黒い台紙は保育者が用意します。

素材　画用紙・フラワーペーパー

③④⑤歳 [コピー型紙]
ハギレの壁掛けびな

柄のハギレや切り紙を用意して、子どもたちが自由に貼ります。それぞれにお顔を描いて、個性あふれる作品に。

素材　画用紙・ハギレ・折り紙・リボン・オーロラ折り紙・レースペーパー

作り方

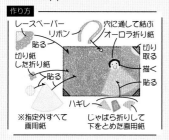

レースペーパー
リボン
貼る
切り紙した折り紙
貼る
穴に通して結ぶ
オーロラ折り紙
切り取る
描く
貼る
ハギレ
じゃばら折りして下をとめた画用紙
※指定外すべて画用紙

あられ入れも作ってみましょう！

おひなさま飾りに欠かせないものといえば、ひなあられです。桃色・緑色・黄色・白色は、それぞれ春夏秋冬を表し、1年を通して健康でいられるように、との願いが込められているそうです。

③④⑤歳
紙コップのあられ入れ [コピー型紙]

あられ入れは、ぼんぼりのようにふんわりと丸いシルエット。子どもたちが紙コップのまわりに細長く切った画用紙や千代紙を貼って作ります。

素材　色つき紙コップ・画用紙・千代紙・ひも

作り方

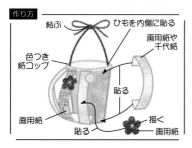

結ぶ
ひもを内側に貼る
色つき紙コップ
画用紙や千代紙
貼る
画用紙
貼る
描く
画用紙

※由来には諸説あります。

67

卒園・進級

春を感じるモチーフを選び、これまでの園生活をみんなで振り返りながら、新生活への期待を感じられる活動にしましょう。

④ ⑤ 歳

思い出風船と 自画像

コピー
型紙

元気に虹を渡る自画像に、思い出を描いた風船を持たせます。虹はしわをつけた包装紙などで、立体感を出します。

素材　画用紙・ビニール袋・カラータイ・レースペーパー・リボン
柄折り紙・トレーシングペーパー折り紙・トレーシングペーパー・ひも・折り紙・包装紙

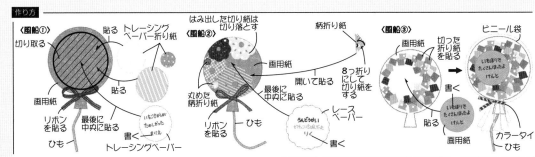

作り方

〈風船①〉
貼る
切り取る
トレーシングペーパー折り紙
貼る
画用紙
リボンを貼る
最後に中央に貼る
ひも
書く
トレーシングペーパー

〈風船②〉
はみ出した切り紙は切り落とす
柄折り紙
画用紙
8つ折りにして切り紙をする
開いて貼る
丸めた柄折り紙
最後に中央に貼る
リボンを貼る
ひも
レースペーパー
書く

〈風船③〉
画用紙
切った折り紙を貼る
ビニール袋
書く
貼る
画用紙
カラータイ
ひも

③④⑤歳 コピー型紙

手つなぎガーランド

半分に折った折り紙をシャツに見たてて
作る、自画像です。飾ると友だちの存在
をより身近に感じられます。

素材 折り紙・柄折り紙・包装紙・画用紙・リボン・ハニ
カムシート・厚紙・すずらんテープ・片段ボール

作り方

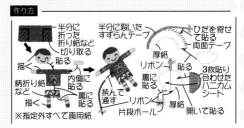

半分に折った
折り紙など
切り取る
貼る

描く

柄折り紙
など
描く

内側に
貼る

裏に
貼る

半分に裂いた
すずらんテープ

挟んで
通す

ひだを寄せ
て貼る
両面テープ

厚紙
リボン
貼る

3枚貼り
合わせた
ハニカム
シート

リボン
片段ボール

厚紙

裏に
貼る

開いて貼る

※指定外すべて画用紙

飾り方アイデア

半分に折って作る体の
部分にリボンを通しま
す。横に並べれば、自
然に手をつないだよう
な形になります。

本当に手をつないでるみたい！

春の野原のイメージで

②③歳 コピー型紙

ちょうちょうと
ひよこ

指スタンプで模様をつけて、
ちょうちょうの羽に。ひよこ
とにわとりの羽は、くしゃっ
とさせたフラワーペーパーで
ふわふわ立体的に。

素材 画用紙・モール・紙コップ
フラワーペーパー・丸シール

作り方

❶ちょうちょうの羽に指スタンプ
をする。画用紙で体と腕を作る。

❷紙コップに黄色い画用紙を貼
り、フラワーペーパーを丸めて
左右と底に貼る。

❸画用紙でくちばしをつけ、マ
ジックで目を描く。

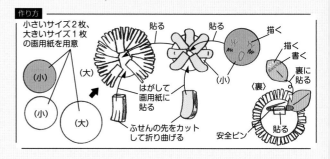

③④歳

ふせんで作る
フラワーコサージュ 　[コピー型紙]

笑顔の花が咲くコサージュ。ふせんを使うことで端を同じサイズにカットする手間がいりません。花びらを貼るのが楽しい製作です。

素材　画用紙・ふせん・安全ピン

③④⑤歳

キッチンペーパーの
お花 　[コピー型紙]

にじみ染めをしたキッチンペーパーで作るお花です。ペーパーナプキンを使うと、華やかな印象に。卒園児のコサージュなどにしても。

素材　キッチンペーパー・ペーパーナプキン・ストロー
　　　画用紙・マスキングテープ

アレンジ
レースペーパーでくるんで、リボンを結び、花束にしてもかわいい！

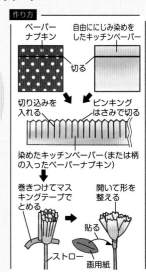

卒園児が作る
記念品にしても！

④⑤歳
似顔絵つきペン立て

ハギレやボタンを貼ったおしゃれなペン立てに、似顔絵やメッセージをかきましょう。在園児からのプレゼントにしたり、卒園児が作る卒園記念品にしても。新生活への期待がふくらみます。

素材　牛乳パック・片段ボール・画用紙
　　　ハギレ・リボン・ボタン

作り方

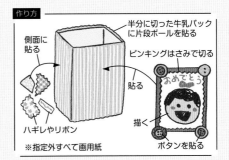

半分に切った牛乳パックに片段ボールを貼る

側面に貼る

ピンキングはさみで切る

貼る

ハギレやリボン

描く

ボタンを貼る

※指定外すべて画用紙

③④⑤歳
カラフルリボンのレイ

じゃばらに折った折り紙で作る、リボンのくび飾り。ストローと交互にひもに通して作ります。在園児からのプレゼントや、卒園児が卒園式への期待をこめて製作してもよいですね。

素材　折り紙・柄折り紙・ストロー
　　　マスキングテープ・ひも

作り方

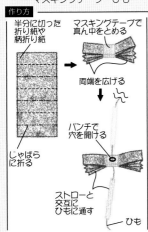

半分に切った折り紙や柄折り紙

マスキングテープで真ん中をとめる

両端を広げる

パンチで穴を開ける

じゃばらに折る

ストローと交互にひもに通す

ひも

卒園児が作って、卒園式にお揃いで身につけると、よい思い出になりますね。

71

成長記録の製作

入園したときからこんなに大きくなった、と
成長がわかるような製作をご紹介します。
卒園時の素敵な記念品になりますね。

／入園時／

②③④⑤歳
いないいないばあの
タイムカプセル

入園時にはシールを貼り、卒園時には様々な
素材で自分の服を飾ります。手形と写真、装
飾などの製作で成長を感じられます。

素材 画用紙・丸シール・すずらんテープ・段ボール箱
モール・板段ボール・写真

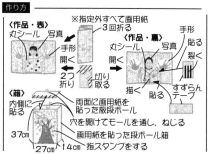

／卒園時／

入れ物は……

入れる箱も手作りします。入
園時の製作を終えたら、みん
なの指スタンプで花を咲かせ
たタイムカプセルに入れて、
卒園時まで保管しましょう！

②③④⑤歳
作品リレーの気球

紙皿に楽しくはじき絵をしたら、あとは卒園時の自分にバトンをつなぎます。気球を作り、自分の似顔絵をのせましょう。

素材 画用紙・紙皿・モール・紙コップ

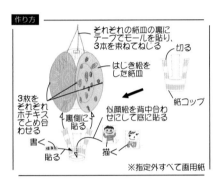

作り方

それぞれの紙皿の裏にテープでモールを貼り、3本を束ねてねじる

切る

はじき絵をした紙皿

3枚をそれぞれホチキスでとめ合わせる

紙コップ

書く

裏側に貼る

似顔絵を背中合わせにして底に貼る

貼る

描く

※指定外すべて画用紙

はると

入園時に似顔絵が描けるようなら、それを保管しておき、卒園時の似顔絵と一緒に気球にのせます。

成長を残す♪　手形・足形アレンジ

2・3歳児でも簡単に製作できる手形・足形に、少しアレンジを加えるアイデアです。成長を感じられる素敵な記念品になります。

ぞう（手）
クレヨンで目や耳、しっぽを描きます。足にひづめを描くことで、ぞうらしくなります。

フラミンゴ（手）
子どもが手形を押したら、クレヨンで目やくちばし、足を描き、花のシールを貼ります。

ライオン（足）
子どもが足形を押したら、クレヨンでたてがみや顔、しっぽを描きます。王冠はフェルトで作ります。

きりん（足）
クレヨンで顔やしっぽを描き、首にリボンを貼ります。体の模様は子どもの指スタンプで描いても。

特別　楽しむ製作

お店やさん ごっこの製作

子どもにとても身近な、
お店やさん気分が味わえる製作をご紹介。
日常を取り入れながらくり返しあそべるように、
手に入りやすい素材で丈夫に作ります。

いらっしゃいませ〜！

どれに
しようかな〜

ピザやさん

✧ 盛り上がり ✧
✧ アイテム ✧

④ ⑤ 歳
ピザ

耳までリアルに再現しま
した。ピザは茶封筒が土
台。トッピング次第でい
ろいろなピザに挑戦！

素材 茶封筒・板段ボール
画用紙
フラワーペーパー

板段ボールのピザの
箱は、保育者が作り
ます。1ホールのピザ
を入れると、宅配
ピザ屋さんのよう。

メニューがあると本格的！
チラシなどの写真を切り抜
いて作りましょう。

トッピング

フラワーペーパーのチーズは、絵の具を吸うと溶けたよ
うになるのがポイント。ほかは画用紙で作ります。これ
らはあらかじめ保育者が切って用意しておきましょう。

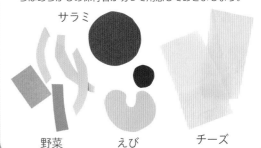

サラミ

野菜　　　えび　　　チーズ

1 すべて子どもが製作する。底
を切った茶封筒の半分ほどに
両面テープを貼り、端から丸
めて両面テープでとめる。

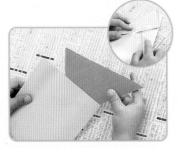

2 保育者が切っておいた細長い二
等辺三角形の板段ボールを**1**に
入れ、余った部分を裏側に三角
に折って、テープでとめる。

3 のりを混ぜて溶いた赤い絵
の具を、筆で端まで塗る。

4 絵の具が乾かないうち
に、トッピングを貼る。

ラーメンやさん

ラーメン

深めの紙皿の内側に、保育者が絵の具を汁に見たてて塗り、準備。子どもが、中に毛糸の麺を入れ、トッピングをのせていきます。

素材 深めの紙皿・毛糸 画用紙・セロハン ストロー

トッピング

子どもが製作できるトッピングです。わかめはセロハン、ねぎはストロー、ほかは画用紙を切って作ります。

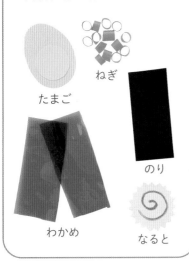

ねぎ

たまご

のり

わかめ

なると

本物の麺みたい！

たこやきやさん

④⑤歳 たこやき

おいしそう！

子どもが丸めた新聞紙を不織布で包んでたこやきを作ります。はけや筆でソースに見たてた絵の具を塗ると、よりリアル。トッピングも楽しいです。

素材 不織布・新聞紙・画用紙・フラワーペーパー

フラワーペーパーを細く切ってかつお節に。絵の具が乾かないうちにトッピング！

作り方

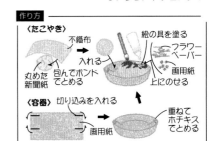

〈たこやき〉

不織布

丸めた新聞紙

入れる

包んでボンドでとめる

絵の具を塗る

フラワーペーパー

画用紙

上にのせる

〈容器〉 切り込みを入れる

画用紙

重ねてホチキスでとめる

特別 楽しむ製作

クレープやさん

\ パタンって
するんだね！/

③ ④ ⑤ 歳

クレープ

【コピー型紙】

何度もくり返しあそべるように、生地もトッピングも素材はフェルト。チョコレートやいちごのソースは毛糸で表現します。

素材 フェルト・毛糸・柄折り紙

フェルトの素材感は、クレープ生地にぴったりです。お客さんの注文を聞いて、目の前で作る作業を楽しみましょう。生地を折りたたんだら、柄折り紙に入れてできあがり！

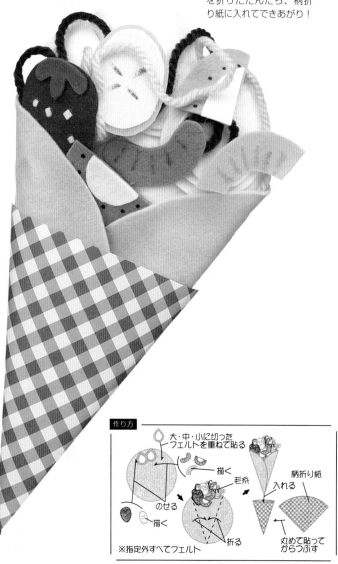

トッピング

フェルトをはさみで切ったり、接着剤で貼り合わせたり、ペンで描いたりして作ります。トッピングを作るのも楽しい！

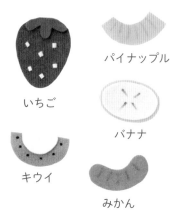

いちご　パイナップル

バナナ

キウイ　みかん

作り方

大・中・小に切ったフェルトを重ねて貼る

描く

毛糸

のせる

描く

折る

※指定外すべてフェルト

柄折り紙　入れる

丸めて貼ってからつぶす

アイスクリームやさん

おいしそう！

④⑤歳
コーンアイス

軽量紙粘土で作るアイスは、質感が本物のよう！ 子どもが好きな色を混ぜ合わせ、上にビーズなどを飾って楽しく完成。

素材	軽量紙粘土・ビーズ 画用紙・柄折り紙

プラスチックトレイやティッシュの空き箱を利用して、見やすくてかわいいディスプレーを。ワクワク感が増します。

画用紙で作るコーンは、柄折り紙のケースを重ねるだけで、お店のアイスのようになります。

③④⑤歳
カップアイス

マフィンカップには子どもたちが飾りつけ。スプーンや片段ボールのウエハースを添えて、はいどうぞ！

素材	軽量紙粘土・ビーズ・マフィンカップ・キラキラテープ・レースペーパー 片段ボール・スプーン

フレーバー

絵の具で色づけした軽量紙粘土は、砂場用の大きな丸いスプーンで型をとると、ディッシャーを使ったような形に仕上がります。

ソーダ

オレンジ

キャラメル

チョコミント

チョコマーブル

ピーチ

チョコチップ

作り方
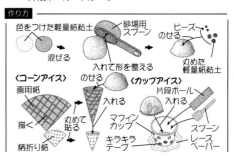

色をつけた軽量紙粘土／砂場用スプーン／ビーズのせる
混ぜる／入れて形を整える／丸めた軽量紙粘土
〈コーンアイス〉画用紙／のせる／〈カップアイス〉片段ボール／入れる
描く／丸めて貼る／柄折り紙／入れる／マフィンカップ／キラキラテープ／スプーン／レースペーパー

音を楽しむ製作

振る・叩くなどさまざまな方法で音を鳴らしたり、
音に合わせて踊ったりできる楽器を紹介します。
運動会や生活発表会などで活用しても。

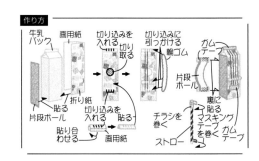

作り方

牛乳パック／画用紙／切り込みを入れる／切り取る／切り込みに引っかける／輪ゴム／ガムテープ／貼る／折り紙／切り込みを入れる／貼る／片段ボール／裏に貼るマスキングテープを巻く／ガムテープ／片段ボール／貼り合わせる／画用紙／チラシを巻く／ストロー

④⑤歳
リバーシブル
ギロ＆ギター

輪ゴムの張り具合や弾きかた
で音が変化することに気づ
き、工夫を凝らすこともでき
ます。色鮮やかなモザイク柄
で個性的に飾りつけて。

素材 画用紙・片段ボール・スト
ロー・マスキングテープ
輪ゴム・牛乳パック・チラシ
折り紙

ギロ

ギロは南米などの民族楽
器。ギロ用の棒は細く切っ
たチラシを芯にして、マス
キングテープを巻きつける
と、強度が増します。

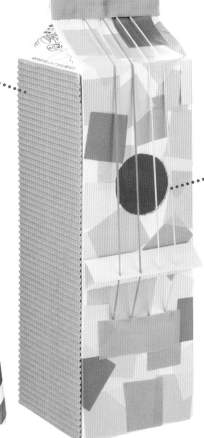

ギター

2本の輪ゴムを切り込みに
引っかけて4本の弦にしま
す。張り具合を変えれば、
音の高低がつくれます。

ストローの先端をつぶ
し、飲み口に息を強く吹
きつけて鳴らします。

④⑤歳

コピー型紙

ミニペットボトルの
はと笛

マスキングテープや羽を子どもたちに
自由に貼ってもらいます。「ボーッ」
と響く音を出すには、息を吹きつける
角度がポイントです。

素材 小さいペットボトル・画用紙・マスキン
グテープ・丸シール・ゼムクリップ・タ
ピオカストロー・ビニールテープ

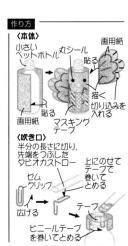

作り方

〈本体〉
小さいペットボトル／画用紙／丸シール／貼る／描く／切り込みを入れる／貼る／画用紙／マスキングテープ
〈吹き口〉
半分の長さに切り、先端をつぶしたタピオカストロー／上にのせてテープで巻いてとめる／ゼムクリップ／広げる／テープ／ビニールテープを巻いてとめる

③④⑤歳
染め紙鳴子

折りたたんだ和紙を絵の具で染めた紙を使います。ペットボトルのふたのカチカチという音の響きで、気分も盛り上がります。

素材 マスキングテープ・ペットボトルのふた・割りばし・染め紙・牛乳パック

作り方

牛乳パック
切り取る
染め紙
マスキングテープを巻く
8cm
1.5cm
2.5cm
10cm
割りばし
貼る
貼る
貼る
染め紙
両面テープで貼り合わせる
ペットボトルのふたをテープで貼る

友達とリズムに合わせて鳴らしてみよう！

割りばしを芯にして中央を固定するので、左右の面だけが動き、しっかり音が打ち鳴らせる仕組みです。

リボンを腰に結んで、おなかのたぬきをポンポコポン！ 体を動かしながら、リズムあそびを楽しみましょう。

②③歳
紙皿の
たぬきだいこ

コピー型紙

タンポをした画用紙を使い、たぬきに見立ててたいこを鳴らします。中に鈴が入っているので、おしりを振るだけでも音が鳴ります。

素材 紙皿・不織布リボン・画用紙・ビーズや鈴ビニールテープ

作り方

不織布リボン
紙皿
ボンドで貼る
ビーズや鈴
貼る
紙皿をボンドで貼り合わせる
ビニールテープで数か所とめる
タンポした画用紙
画用紙
紙皿
タンポした画用紙
描く
貼る

♪

③④⑤歳

鈴つき
ヒラヒラステッキ

コピー型紙

模様を描いた紙テープやリボンを製作し、それを使ってステッキを作ります。音楽のイメージを体で表現してみましょう。

素材 鈴・紙テープ・マスキングテープ・フェルト
チラシ・リボン・レースリボン・ミラーテープ
など

③④⑤歳

マラカスリボン

折り紙にシールやマスキングテープを貼り、じゃばら折りに挑戦！ 手首や足首につけて体を動かすことで音が鳴ります。

素材 ホイル折り紙・ホログラムシール
マスキングテープ・丸シール・ビー
ズ・ビニールテープ・平ゴム・鈴
ペットボトルのふた

作り方

棒状に丸めたチラシ／紙テープ描く／ホチキスでとめて、テープで貼る／鈴／貼る／フェルト／リボンやレースリボン、ミラーテープなど／巻く マスキングテープ

♪ いっぱいフリフリ♪

園児同士でタッチして鳴らすなど、友だちとの交流が深まる3～5歳児にぴったり！

足首に

手首に

ホイル折り紙のリボンはとても華やかです。運動会のダンス道具や、衣装としても使えます。

作り方

ホイル折り紙／谷折り／山折り／マスキングテープ／ホログラムシール／切り取る／じゃばらを開く／テープでとめる／平ゴム／結ぶ／鈴／貼る／〈裏側〉／ペットボトルのふた／ビーズ／丸シール／かぶせる／入れる／ビニールテープを巻く

 コピー型紙 このマークがついている製作物の型紙です。
壁面の大きさや用途に合わせて自由にご利用ください。

| 山折り————— 谷折り------ |
| 切り込み········· 切り取り ■ のりしろ ▨ |

◆コピー型紙をご利用になる際には、このメッセージが見えるようにしっかり開くと、きれいにコピーをすることができます。

 P.4～5 入園・進級

◆ちょうちょう・チューリップ、飾り方アイデア

ちょうちょうのパーツ

チューリップのパーツ

てんとうむしA

さくらの花びら

あり

いもむしA

いもむしB

てんとうむしB

くま

はりねずみ・うさぎ

ねこ・とり

◆お父さんありがとうカード

クローバー

◆ネクタイモチーフのペン立て

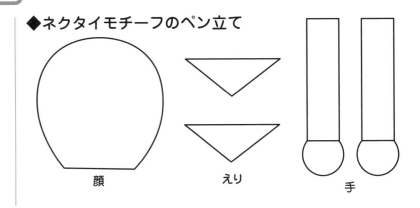

顔　　　えり　　　手

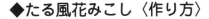

◆たる風花みこし〈作り方〉

〈たる〉

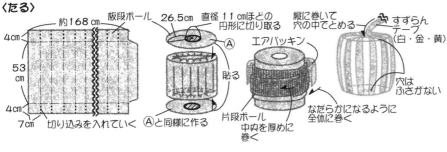

約168cm　板段ボール　26.5cm　直径11cmほどの円形に切り取る　縦に巻いて穴の中でとめる　すずらんテープ（白・金・黄）

4cm　貼る　Ⓐ

53cm　Ⓐと同様に作る　エアパッキン

4cm　穴はふさがない

7cm　切り込みを入れていく　片段ボール中央を厚めに巻く　なだらかになるように全体に巻く

〈ミニちょうちん〉

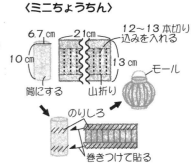

6.7cm　2.1cm　12〜13本切り込みを入れる

10cm　13cm　モール

筒にする　山折り

のりしろ　巻きつけて貼る

切り取る　塗る　まとめてとめたミラーテープ　上に貼る　切り取る　4回折った折り紙

描く　貼る　描く　カラーワイヤー　テープでとめる　開く　折り紙　貼る

〈組み立て〉

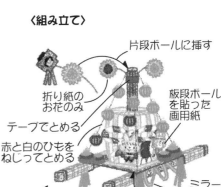

片段ボールに挿す

折り紙のお花のみ　板段ボールを貼った画用紙

テープでとめる

赤と白のひもをねじってとめる

ミラーテープ　貼る

キラキラモール

3色のフラワーペーパーで作ったお花

〈しめ縄〉

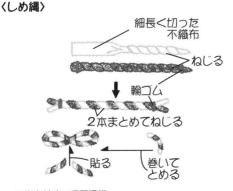

細長く切った不織布

ねじる

輪ゴム

2本まとめてねじる

貼る　巻いてとめる

穴に支柱を通す

しめ縄を巻いてとめる

貼る

100cm

画用紙を貼った板段ボール

角材にエアパッキンと不織布を巻き、ミラーテープでとめる

直径10cmほどの筒状に丸めた片段ボールを貼る

※指定外すべて画用紙

◆たる風花みこし

くま

うさぎ

はっぴ

たいこ

◆海のプリンセスおみこし〈作り方〉

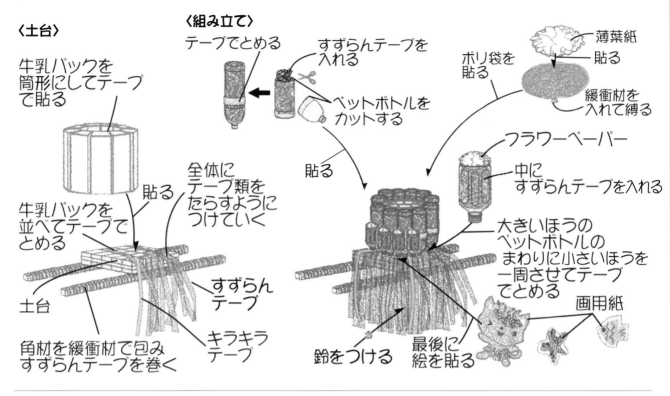

〈土台〉

牛乳パックを筒形にしてテープで貼る

牛乳パックを並べてテープでとめる

角材を緩衝材で包みすずらんテープを巻く

土台

貼る

全体にテープ類をたらすようにつけていく

すずらんテープ

キラキラテープ

〈組み立て〉

テープでとめる

すずらんテープを入れる

ペットボトルをカットする

貼る

ポリ袋を貼る

薄葉紙

貼る

緩衝材を入れて縛る

フラワーペーパー

中にすずらんテープを入れる

大きいほうのペットボトルのまわりに小さいほうを一周させてテープでとめる

鈴をつける

最後に絵を貼る

画用紙

◆海のプリンセスおみこし

うさぎ

りす

ねこA

ねこB

◆手作りちょうちんのミニ竿燈〈作り方〉

〈土台〉

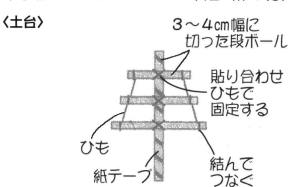

3〜4cm幅に切った段ボール
貼り合わせ
ひもで固定する
ひも
紙テープ
結んでつなぐ

〈花〉

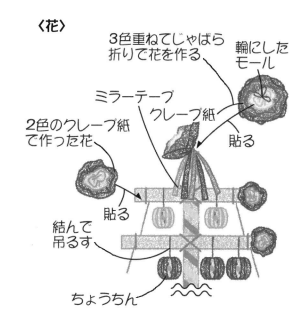

3色重ねてじゃばら折りで花を作る
輪にしたモール
ミラーテープ
クレープ紙
貼る
2色のクレープ紙で作った花
貼る
結んで吊るす
ちょうちん

〈ちょうちん〉

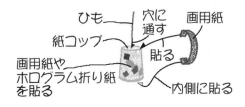

ひも
穴に通す
画用紙
紙コップ
貼る
画用紙やホログラム折り紙を貼る
内側に貼る

 P.18〜21　縁日・夕涼み会

◆リバーシブルでんでんだいこ

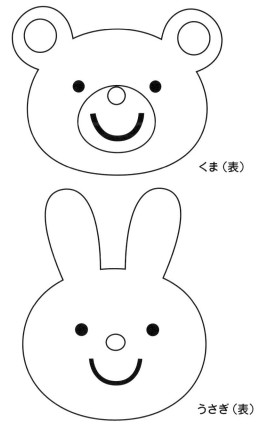

くま（表）

くま（裏）

うさぎ（表）

うさぎ（裏）

◆変身おめん

しろくま

おばけ

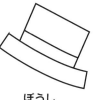

ぼうし

目A

> <

目B

ペンギン

星

P.22〜26　たなばた

◆たなばた製作の共通パーツ

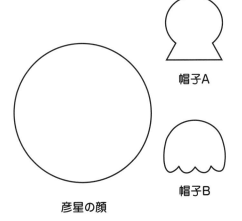

帽子A

帽子B

彦星の顔

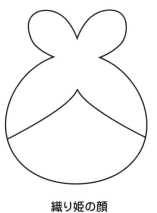

織り姫の顔

リボン

星

◆笹舟にのった織り姫・彦星

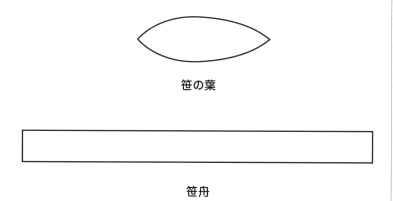

笹の葉

笹舟

◆コーヒーフィルター染めの織り姫・彦星

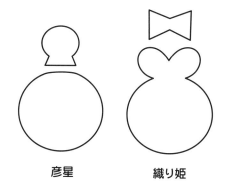

彦星　　　　　織り姫

◆シール貼り＆折り紙ちぎりの織り姫・彦星

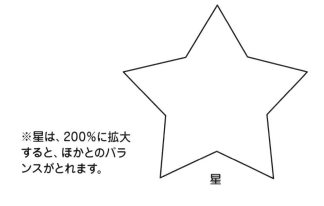

※星は、200％に拡大すると、ほかとのバランスがとれます。

星

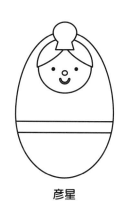

彦星

織り姫

◆ホイル折り紙の天の川短冊

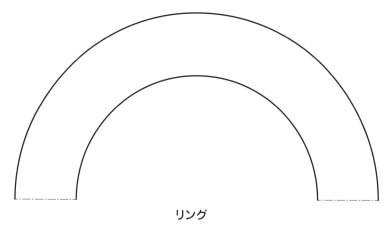

リング

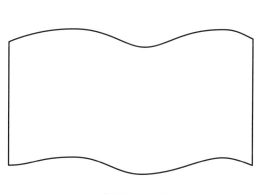

短冊の天の川

◆1回切り&染めの流れ星短冊

星

◆デカルコマニー短冊

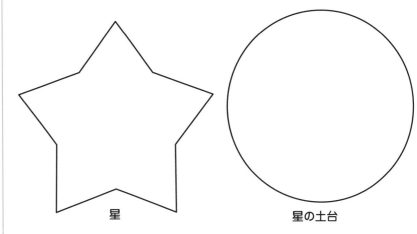

星　　　　星の土台

◆壁に飾る笹

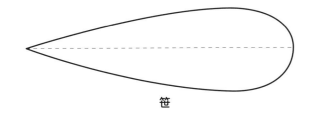

笹

◆手形の星&お魚つなぎ

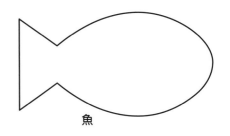

魚

● P.27　たなばたの伝承飾り

◆吹き流し

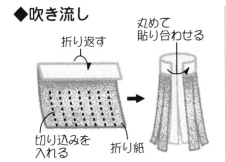

折り返す
丸めて貼り合わせる
切り込みを入れる
折り紙

◆ひしがたつなぎ

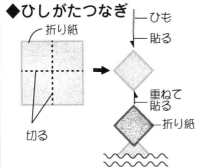

折り紙
ひも
貼る
重ねて貼る
折り紙
切る

◆ちょうちん

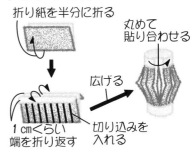

折り紙を半分に折る
丸めて貼り合わせる
広げる
1cmくらい端を折り返す
切り込みを入れる

◆網

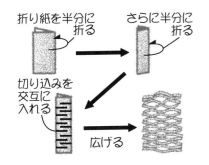

折り紙を半分に折る
さらに半分に折る
切り込みを交互に入れる
広げる

◆貝

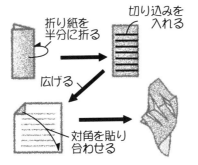

折り紙を半分に折る
切り込みを入れる
広げる
対角を貼り合わせる

◆縫いかざり

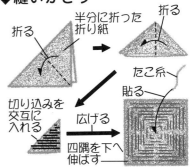

折る
半分に折った折り紙
折る
たこ糸
貼る
切り込みを交互に入れる
広げる
四隅を下へ伸ばす

◆葉っぱのスタンプのくり

できあがり

	記号の説明
‑ ‑ ‑ ‑ ‑	谷折りせん
⟶	谷に折る
↻	うら返す

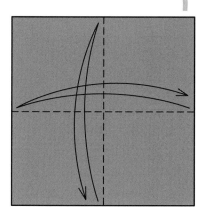

1

てんせんで折ってひらく。

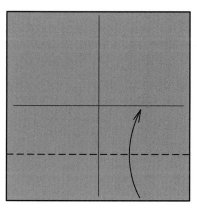

2

てんせんで折る。

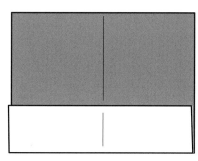

3

折ったところ。
ひっくり返す。

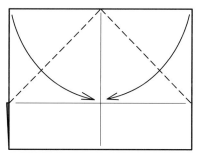

4

てんせんで折る。

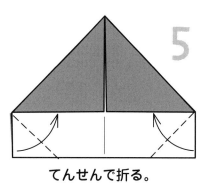

5

てんせんで折る。

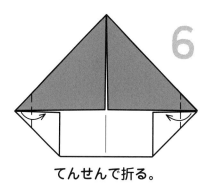

6

てんせんで折る。

7

折ったところ。
ひっくり返す。

＼ できあがり！ ／

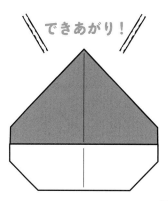

◆どんぐりりす

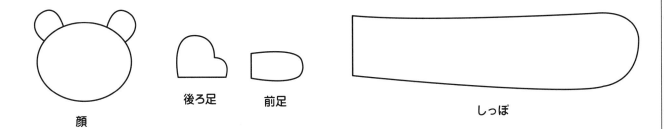

顔　　　　　　　　　後ろ足　　　前足　　　　　　　　　しっぽ

 P.38〜39　敬老の日

◆牛乳パックの動物メガネ入れ

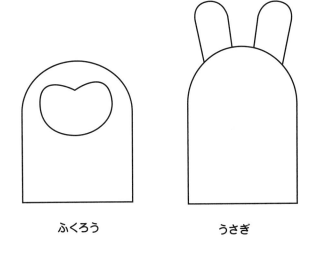

ふくろう　　　　　　　　　うさぎ

◆紙皿のりんご型ウォールポケット

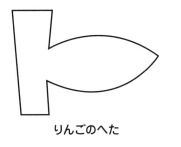

りんごのへた

◆花束のポップアップカード

リボン

 P.40〜44　運動会

◆手形ツリーのフラッグ

ハート

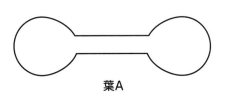
葉A

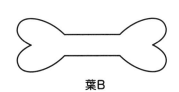
葉B

◆メガホン形プログラム

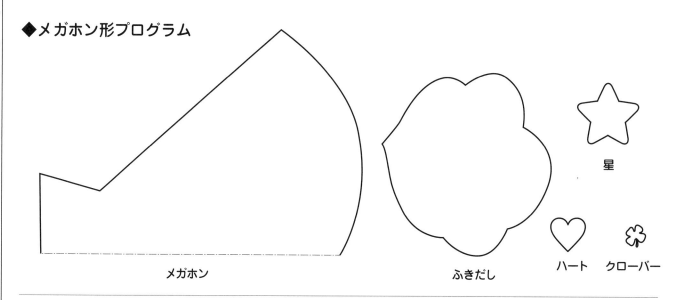

メガホン

ふきだし

星

ハート　クローバー

◆個性が光る似顔絵フラッグ

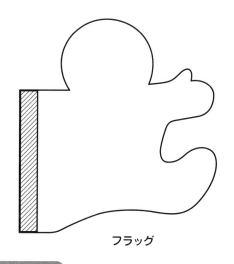

フラッグ

 P.45〜47　ハロウィン

◆おばけ

◆かぼちゃバッグ

かぼちゃの顔

かぼちゃの葉

◆かぼちゃとおばけのガーランド

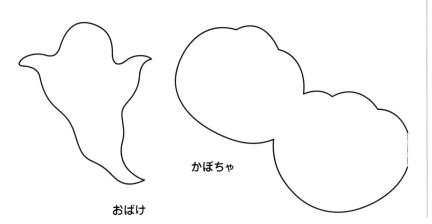

おばけ

かぼちゃ

◆かぼちゃリング

◆かぼちゃとこうもりのトレー

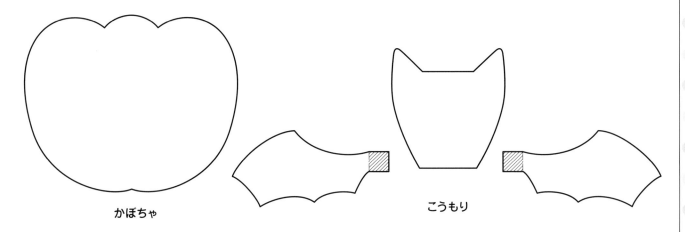

かぼちゃ

こうもり

 P.48〜53　クリスマス

◆クリスマス製作の共通パーツ

星

◆ぐるぐる描きツリー

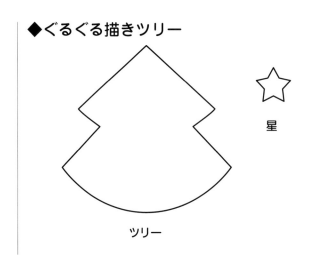

ツリー

星

◆丸オーナメントの平面ツリー

※ツリーは300%に拡大すると、
　ほかとのバランスがとれます。

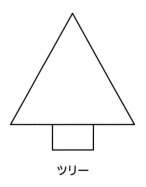

ツリー

星

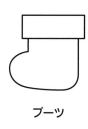

ブーツ

◆毛糸の巻き巻きあったかブーツ

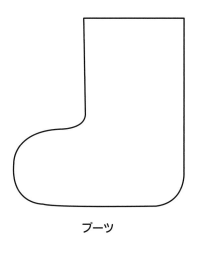

ブーツ

◆雪の結晶

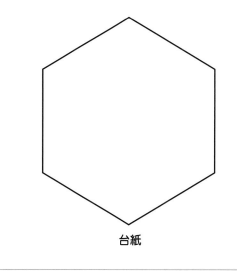

台紙

◆ちぎり折り紙のスケルトンスノーマン

スノーマンのパーツ

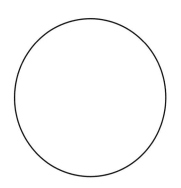

◆絵馬、飾り方アイデア

絵馬の台紙

くま

絵馬の飾り

うさぎ

●コピー型紙をご利用になる際には、このメッセージが見えるようにしっかり開くと、きれいにコピーをすることができます。

うめの花A

うめの花B

草

◆羽子板

招き猫

だるま

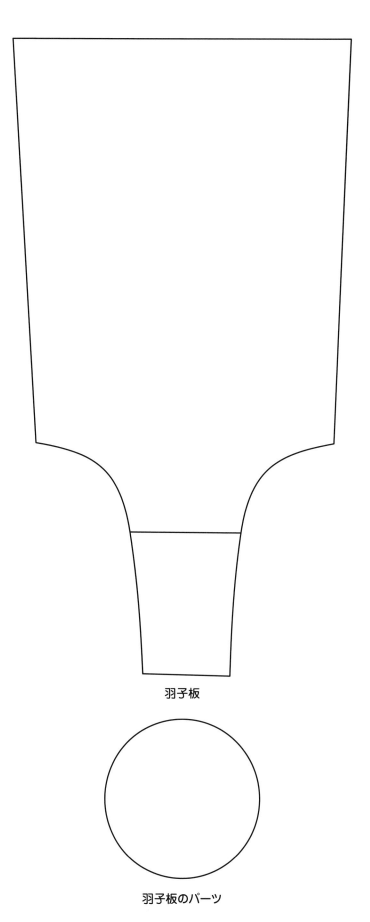

羽子板

羽子板のパーツ

●コピー型紙をご利用になる際には、このメッセージが見えるようにしっかり開くと、きれいにコピーをすることができます。

羽根

つばき

◆鏡もち

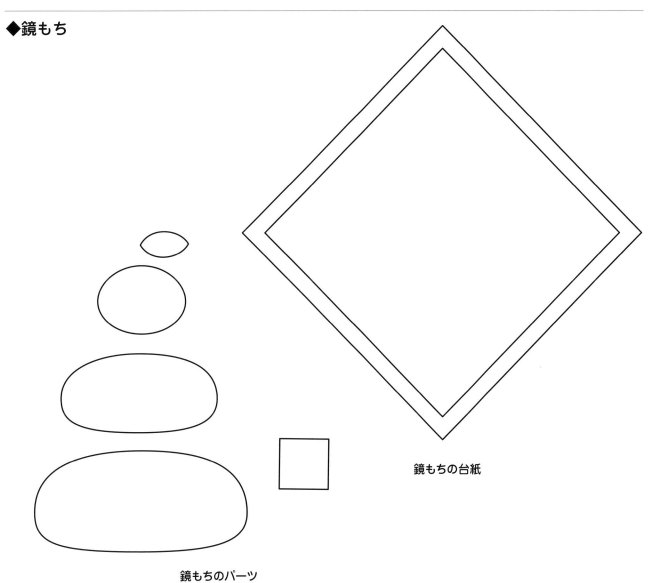

鏡もちの台紙

鏡もちのパーツ

◆くるくるかめさんごま

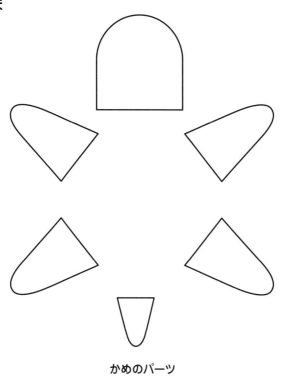

かめのパーツ

 P.60〜63　節分

◆おたふく&おにの牛乳パックの豆入れ

花

おたふく

おに

P.64〜67　ひな祭り

◆ひなまつり製作の共通パーツ

せんす

◆壁かけスタンプびな
　飾り方アイデア

おだいりさま

おひなさま

台座

●コピー型紙をご利用になる際には、このメッセージが見えるようにしっかり開くと、きれいにコピーをすることができます。

P.68〜71　卒園・進級

◆思い出風船と自画像

うさぎ

くま

花

とり

風船①

風船②・③

風船

● コピー型紙をご利用になる際には、このメッセージが見えるようにしっかり開くと、きれいにコピーをすることができます。

100

◆手つなぎガーランド

にじ

太陽

雲

クローバー

気球

◆ちょうちょうとひよこ

ちょうちょうのパーツ

風船

雲

花

ふた葉

◆ふせんで作るフラワーコサージュ

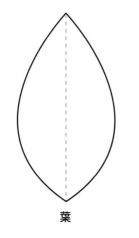

葉

◆キッチンペーパーのお花

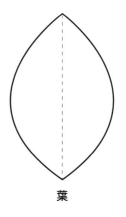

葉

P.74〜77　お店やさんごっこの製作

◆クレープ

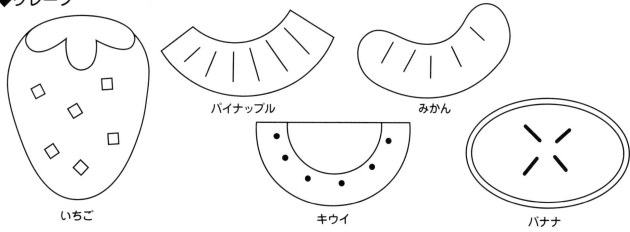

パイナップル　　　みかん

いちご　　　キウイ　　　バナナ

 P.78〜80　音を楽しむ製作

◆ミニペットボトルのはと笛　　◆紙皿のたぬきだいこ

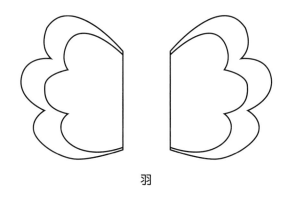

羽

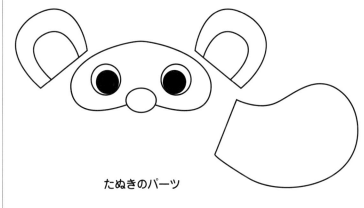

たぬきのパーツ

◆鈴つきヒラヒラステッキ

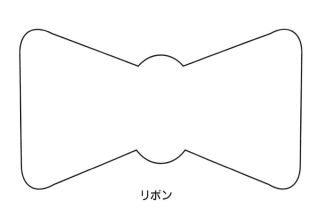

リボン

星

PriPri プリプリ ブックス

子どもと作る かわいい! 行事の製作あそび

※本書はPriPri2016年4月号〜2020年1月号、3月号
2019年、2020年特別号の一部内容を再編集したものです。

●製作物キャラクター／千金美穂
●プラン・製作／いがらしまみこ　宇田川一美　大塚亮子　おさだのび子
　北向邦子　キッズスマイルカンパニー（大河内康弘&前田 究）　くまだまり
　コクボマイカ　cocoron@金子ひろの　阪本あやこ　ささきともえ　佐藤ゆみこ
　すぎやままさこ　滝澤理絵　macaron あんどうまゆこ
　マーブルプランニング　まるばやしさわこ　宮地明子　みさきゆい
　ミヤモトエミ　本永京子　矢口加奈子　山下きみよ

●写真／磯﨑威志（Focus&Graph Studio）　大畑俊男
　久保田彩子・武蔵俊介・中島里小梨（世界文化ホールディングス）

●表紙・本文デザイン／ほんだあやこ
●作り方イラスト／(資)イラストメーカーズ　ハセチャコ
●編集協力／大口理恵子　株式会社 童夢　小暮通誉　日野ハルナ
●編集・文／小栗亜希子
●企画編集／北野智子
●校正／株式会社 円水社
●型紙データ作成／株式会社 アド・クレール
●DTP／株式会社 明昌堂

発行日　　2021年 2 月10日　初版第1刷発行
　　　　　2021年12月20日　　第2刷発行

発行者／大村 牧
発　　行／株式会社 世界文化ワンダークリエイト
発行・発売／株式会社 世界文化社
〒102-8192 東京都千代田区九段北4-2-29
電　話／編集部　03（3262）5474
　　　　　販売部　03（3262）5115
印刷・製本／図書印刷株式会社